笑顔は、
だれもが使える
幸せになるための
いちばん簡単な
魔法です。

1日5分で顔が変わる！恋も仕事もうまくいく！

フェロモンスマイル

幸せレッスン

吉丸美枝子
ビューティー・
ライフ・
プロデューサー

マキノ出版

はじめに

私はよく、「吉丸さんはいいわね。若くてきれいで、とても58歳には見えないわ」「いつもみんなに囲まれていて、すっごく幸せそう」「仕事も成功していてお金持ちだし、運がいいのね。あなたは特別なのよ」などといわれます。

ちょっと待ってください。30代、40代のころの私の写真を見てください。

見るからに「あか抜けないおばさん」しているでしょう？　顔は二重あご、太ももはむっちり、おな

31歳　最高に「おばさん体形」だったころです。この数年後、娘に「ママのおなか気持ち悪い」といわれてしまいます。

20歳　ほんとうに若かったころです(笑)。小さな目と大きな鼻があまり好きではありませんでした。

かは三段腹。私生活だって、順風満帆《じゅんぷうまんぱん》で苦労知らずだったわけではありません。

このころから結婚生活にひびが入り始め、結局離婚。手に職もなかった専業主婦が、子ども2人を養わなければならないシングルマザーになったのです。

生まれつき特別な人なんて、絶対にいません。もし私が、若くてきれいで、58歳に見えないのなら、それは「笑顔」のおかげです。仕事がうまくいっていて、いつも楽しそう見えるなら、それはいつもニコニコしているからです。

「幸せで恵まれているから、笑っているんじゃないの?」

いいえ、違います!

笑顔でいたから、幸せになれたのです。

39歳でフェロモンスマイルを始めてから、私の人生はどんどん好転し、外見はびっくりするくらい若

41歳 顔の変革に取り組み始めて、少したったころです。最良の方法を求め、試行錯誤していました。

51歳 オリジナルの「フェロモンスマイルトレーニング」を確立する直前のすっぴん姿です。

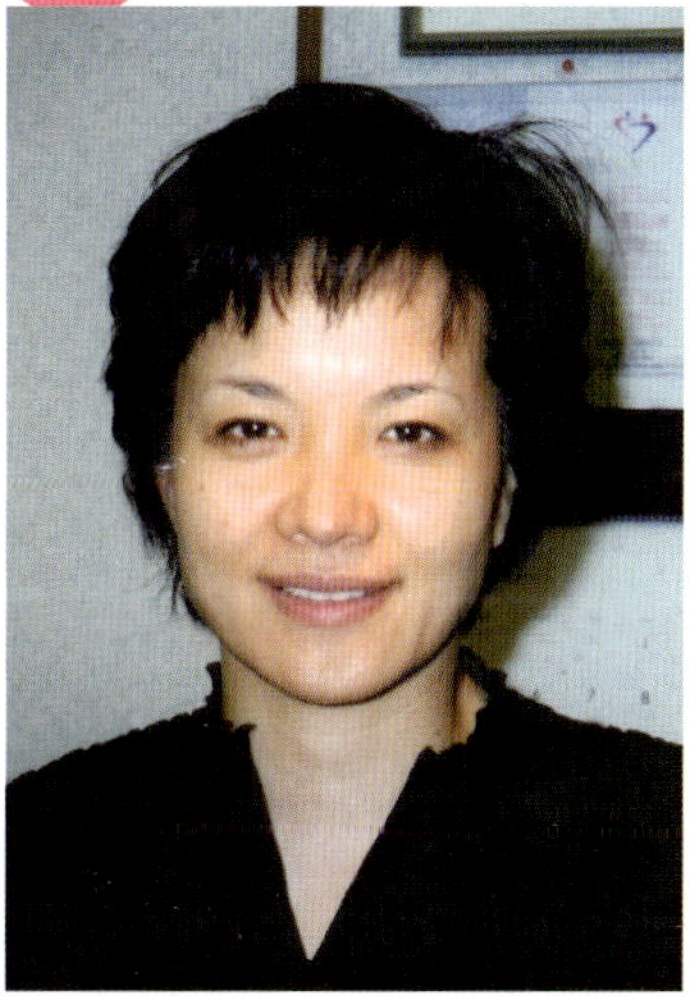

返っていきました。毎日鏡を見てはニッコリ笑い、出会う人にほほえみかけていたら、「若さ」「幸運」「成功」が舞い込んできたのです。

理屈は単純です。鏡に向かって、口角《こうかく》を上げてニッコリ笑ってみてください。それだけでかわいくなるでしょう。

ムスッとした顔と比べると、同じ人と思えないくらい、笑顔はかわいくて魅力的です。

それに、私たちは笑いながら怒ったり、イライラしたりということはできません。逆に、形だけでも笑っていると、そのうちに自然と楽しい気持ちになるようにできています。

また、笑顔は無条件に相手を受け入れる顔です。ほほえみかけられると、人は自然と「この人の話を聞こう」という気分になるものです。

ほら、笑うだけでかわいくなれて、気持ちが楽し

52歳 フェロモンスマイルのメソッドを確立したあとです。このころから、実年齢をいうと驚かれることが激増しました。

56歳 比較的最近の、すっぴんの写真です。メイクをしていない状態でも、顔が変わって若返っているのがわかると思います。

くなって、相手も耳を傾けてくれるでしょう？

本書『フェロモンスマイル　幸せレッスン』は、輝く笑顔を作るための表情筋《ひょうじょうきん》のトレーニングを中心に、笑顔のパワーを最大限に引き出し、「美人で幸せで豊かでラッキー」になるための方法を紹介しています。

美人、幸せ、豊か、ラッキーと、ずいぶん欲張りですが、いやでもそうなってしまいます。「美人だけど不幸」「かわいいけど不運」には、なろうとしたってなれません。ここがほかの美容法とは決定的に違うところです。

私はフェロモンスマイルトレーニングを何千人もの生徒さんに教えてきましたが、「さえないおばさん」が「魅力的な女性」に、「もてない女の子」が「アイドル顔」になるのを山ほど見てきました。わずか数カ月で顔に劇的な変化が起こり、性格ばかりか

58歳
そして現在。
これからも、自分の顔がどう変わっていくのか、とても楽しみです。

運命さえも変わってしまう。それがフェロモンスマイルです。

現在のフェロモンスマイルトレーニングは、私の18年間の知恵と経験、何千人分の生徒さんたちの知恵と経験の積み重ねで完成されたプログラムです。お金は1円もかかりません。鏡と変わりたい心さえあれば、今日からすぐにでも始められます。

「きれいになりたい」「幸せになりたい」と思うなら、ぜひ始めてみてください。私は18年間実践してきて、58歳でこの顔に到達することができました。早く始めれば始めるほど、年齢を重ねれば重ねるほど、あなたは美しくなれます。

そして、素敵な笑顔で美しくなったあなたにふさわしい、すばらしい人生が待っているでしょう。

2007年初夏　吉丸美枝子

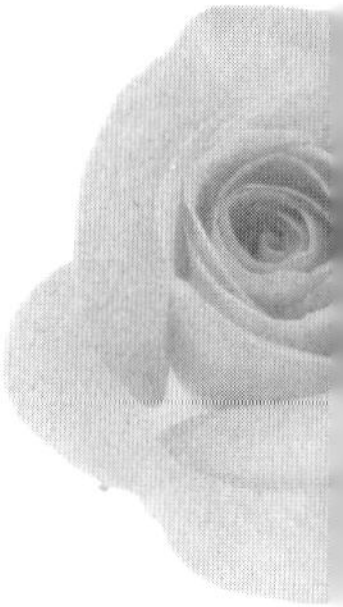

フェロモンスマイル幸せレッスン 目次

第3章 フェロモンスマイルトレーニングでシミやシワが消え、10歳若返る 73

第4章 ハッピー美人になるための「幸せレッスン」 85

装幀・本文デザイン
近江デザイン事務所
＊
写真
加藤しのぶ
＊
イラスト・図版
中村美結
＊
モデル
山田万希子
＊
ヘアメイク
陽田尚美

第1章

人間関係を円滑にし
人生を180度変える
「笑顔」の力

顔も体も、自由に変えることができる！

きれいになったら、人生が開けた！

「どうして若いときはきれいなのに、年を取るとこうなるのかしら」

私は39歳のとき、鏡で自分の顔を見て真剣にそう考えました。そのときの私は、目の下のたるみと、口の周りをぐるっと一周しているほうれい線のせいで、年相応のおばさん顔をしていました。

20年近くたった今では、その理由がよくわかります。私たちの外見は、心と自分の生き方がダイレクトに影響しています。特に顔は、筋肉の老化がたるみやシワに直結し、感情が表情を、人格が顔つきを決定します。無表情はたるみを作り、怒りやイライラはシワが刻まれた老け顔を作り上げます。

逆に、鍛えられた筋肉と心からのほほえみがあれば、顔の美しさは、だれにでも作ることができます。遺伝が占める割合なんてほんとうに少なくて、顔の物理的な造作は自分でどうにでも変えられるのです。

私はもともと、「クリエイティブ・ボディ・デザイニング」という女らしいボディを作るストレッチダイエットを提唱していました（本書ではフェロモンダイエットと呼んでいます）。私が提唱するダイエットは、ただやせるのではなく、女性ホルモンを活性化させて、メリハリのあるグラマラスなボディを作ることを目的としています。

実際、36歳で始めたのにもかかわらず、私の体はみるみる変わりました。胸はAカップからGカップにアップし、ウエストはくびれ、足も細くなりました。

フェロモンダイエット誕生のきっかけは、当時小学校6年生だった娘の一言です。

「ママのおなか、驚異の三段腹だね。ボヨボヨして気持ち悪い」

子どもは、ときとしてほんとうのことをズバッといいますよね。そのときは私も、「なにいってるのよ、子どもを2人も生んだのだから、しかたないじゃない」と反射的に思いましたが、私はこの言葉に心を強く動かされました。

私は子どものころから美しいものが大好きだった。でも、今の私はどう？　美しくなる努力を放棄《ほうき》して、たるんだおなかをした、ただのおばさんじゃない。そう思ったのです。

ここであきらめたら、何もかもがうまくいかなくなるような気がしました。

当時、私は36歳。14年間連れ添った夫と離婚し、子ども2人を育てながら働かなければいけない状況でした。しかし、なんの取り柄もないおばさんに、親子3人食べていき、ゆくゆくは子どもを進学させるまでの仕事というのは、ありませんでした。

今思えば、ダイエットなんていっている場合ではなかったのかもしれません。しかし、私は「きれいになりたい。きれいになって、娘に評価されたい」という強烈な衝動に突き動かされました。そして、理想のダイエット法を模索し、行き着いたのがフェロモンダイエットの原型である「整美体操《せいび》」でした。

「これしかない！」と思った私は、即上京。2カ月間の集中特訓で整美体操を習得しました。年だからとあきらめていた体が引き締まり、別人のようにスタイルがよくなったのです。

2カ月後、やせてきれいになって東京から帰ってきた私に、子どもたちはもちろん、周囲もびっくり。「どうしたの？　どうしてきれいになったの？」「私にも教えて！」という人が続出し、あれよあれよという間に、教える側に立つことになりました。やせたことで、体操教室の先生という新しい職を得ることができたのです。

幸いなことに評判は上々、生徒さんもふえ、教室の数もふやすことができました。この体操をさらに発展させたのが、現在のフェロモンダイエットです（フェロモンダイエットの詳細については、著書『幸せになるフェロモンダイエット』をご覧いただければ幸いです）。

こうして私は、自分の外見を変えることで、新しい人生を踏み出したのです。

体を変えられたのだから、顔も変えられる！

ところが、それからしばらくしてのこと。教室も順調だったある日、私はいつものようにクレンジングをして化粧を落としていました。すると、娘が

「ママ、お化粧落とさないで」といいました。

「どうして？」と聞くと、

「汚いから！」

またまたストレートにいわれてしまったのです。確かに、私は生まれつき色が黒く、きれいとはいいがたい肌でした。白くてツルツルの肌の人を見ると、うらやましくて「その白い顔をひっかいてやろうかしら」と思ったこともあるほどです。

それが年とともに肌がくすんできて、さらに色黒になっていたし、アレルギーのため化粧水が合わず、ブツブツ、カサカサなどの肌トラブルに悩まされていました。加えて、ほうれい線や目の周りのシワも深くはっきりとしてきました。老人性のシミやイボさえあり、それ

を全部、厚化粧でごまかしていたのです。

40歳近くなったら、だれでも肌の衰えは感じるものでしょう。しかし、半ばあきらめていた体形を変えることができたそのときの私は、「体も変わったんだから、顔も変えることができるんじゃないか」と思ったのです。

娘も、たぶん私の体形が変わっていなかったら、こんなことはいわなかったに違いありません。あっという間にやせてきれいになったのだから、顔もすぐきれいにできるに違いない。子どもらしい柔軟な発想から出た言葉だったのでしょう。顔も肌も、変えられるものなら変えたい。若くきれいになって、新しい自分に生まれ変わりたい。心からそう思いました。

それに、私たちは外では化粧して装っているのに、家の中では素顔です。いちばん愛する家族の前で、裸の顔をさらけ出しています。その顔が汚くては、幸せにはなれないような気がしました。こうして私は、39歳にして、顔の変革に取り組むことになりました。

ビューティー・スマイル・デザイニングが完成!

それからは、試行錯誤の連続でした。当時、美容の世界といえば、化粧品かエステ。エステは高額のうえ、子どもを預けて通う時間もないし、それに「エステでほんとうにきれいになった」という人と私は出会ったことがありませんでした。

化粧品は、調べていくうちに、大きな勘違いをしていることに気がつきました。私は、「これを塗れば、根底から美しくなれる」と思って美容液などを塗っていました。しかし化粧品は、死んではがれ落ちていく細胞を最後まで美しく保つという役割しかありません。若返るわけでも、よみがえるわけでもないのです。もちろん必要なものだけど、「生まれ変わりたい」という私の願いは叶《かな》えてくれません。

私は皮膚理論を勉強し、皮膚の構造や新陳代謝《しんちんたいしゃ》のサイクルについて学びました。そしてたどりついたのが、表情筋《ひょうじょうきん》の体操でした。フェロモンダイエットのストレッチと同じく、顔も、筋肉を鍛えることで老化を防ぐことができるという理論に行き着いたのです。

顔の皮膚の下には、表情筋という筋肉が網の目のように入り組んでいます。表情筋には29の種類があり、複雑に絡《から》み合って、さまざまな表情を作ります。たとえば、目を開いたり閉じたりするのは眼輪筋《がんりんきん》、口角《こうかく》を上げてニッコリするときは口角挙筋《こうかくきょきん》という表情筋が使われます。

年齢とともに足腰が弱くなるように、表情筋も衰えます。そして表情筋の衰えは、皮膚のたるみやシワという形で表面に現れます。私たちが顔の衰えを感じるのは、この表情筋が衰えたときなのです。

私はそうして、表情筋の体操に取り組み始めました。私がまず参考にしたのが、ある医学博士が提唱する表情筋のトレーニングでした。ところが、この体操は29種類の表情筋すべてを鍛えるため、フルパターン行うと2時間以上もかかってしまいます。理論が正しく、すばらしいものであっても、毎日2時間のトレーニングはとてもできません。

そもそも、全部やると顔がぐったりしてしまい、きれいにはなりませんでした。それに、表情筋には泣いたり怒ったりするときにだけ使う筋肉もあります。しかめっ面《つら》するときの筋肉を鍛えても、生活で役に立つとも思えません。笑うときの筋肉だけを発達させたほうが、ずっと幸せに、きれいになれるはずです。

そこで私は、この表情筋体操をもとにして、笑顔を作るときにかかわる筋肉を鍛えながら、自分の顔の気になるところをカバーできるように改良していきました。

私の気になるところは、目の下のたるみとほうれい線。これをまず取ってしまいたい。そこでこの2パターンを中心に、毎日表情筋トレーニングを続けました。トレーニングの最後には、必ずニッコリ笑って、笑顔の練習をしました。

体もそうですが、年齢に関係なく、筋肉は鍛えれば鍛えるほど強くなるという特性を持っています。日々のトレーニングで、まず私の顔はどんどん引き締まっていきました。小顔になるにつれ、シミやシワが消え、目の下のたるみとほうれい線も見る間に薄くなっていったのです。効果を実感した私は、笑顔を作る表情筋の体操を「ビューティー・スマイル・デザイニング」として確立。フェロモンスマイルを広める一歩を踏み出しました。

目の下のたるみとほうれい線のほか、カラスの足跡やほおのたるみなど、悩み別に全部で12パターンの表情筋体操を作り、美顔教室を開いて数多くの生徒さんに教えるようになりました。ビューティー・スマイル・デザイニングの特徴は、ただの美顔教室ではなく、素敵な笑顔になることを目的とした美顔教室だということです。

時がたつにつれ、このトレーニングにすばらしい価値のあることがはっきりと証明されました。生徒さんはどんどんきれいになるし、私も顔立ちがまるっきり変わってしまうほど、美しく若返ったのです。

私はもともと、目は小さく、鼻はだんご鼻で、えらが張っていました。それが、肌が白くなめらかになっただけでなく、目はパッチリした二重になり、鼻は高くシャープに、えらやほお骨が内側におさまって、骨格まで変わってしまったのです。顔の大きさが半分くらいになって、全体のバランスさえ変わってしまいました。まさに生まれ変わったのです。

気づけば私は、40代になってからのほうが、いいえ、50歳を超えてからのほうが、ずっと若く見られるようになっていました。

フェロモンスマイルで、人生までも変わる！

笑顔が幸運を引き寄せる

フェロモンスマイルトレーニングの効果は、顔が変わるだけにとどまりません。

私は美容家の仕事をするうえでも、フェロモンスマイルの効果を実感し続けてきました。一流企業の社長や著名人など、どんなに偉い人であっても、一回お会いできれば、門前払いになることはまずありません。パーティでニッコリあいさつして、「今度一度お話を」といえば、「ではここに連絡してください。お待ちしています」と電話番号がもらえます。当然、仕事はうまくいき、人脈は広がって、経済的にも豊かになりました。いろんな人に会えるので毎日が楽しいし、いやなことやいやな人にはめったに、いえ、ほとんど遭遇《そうぐう》しません。

若くてきれいなだけでは、こんな幸せは訪れません。笑顔だからこそ、なにもかもうまくいくようになるのです。フェロモンスマイルを実践したら、次々とよいことが起こり、気がつけば思いどおりの人生が歩めている。そんな経験をした人は、私だけではありません。生徒さんの多くは、次のような変化を経験しています。

外見の変化

◆年齢よりも若く見られるようになった。

老け顔の最大原因であるたるみが取れるので、10～20歳は若く見られるようになる。

◆顔立ちが変わって、美人になった。

パッチリした印象的な目もと、スッキリした都会的な口もとの女優顔になる。

◆大きい顔や長い顔が引き締まり、キュッと小顔になった。

◆自然で魅力的な笑顔になった。

◆肌の色が白くなった。

◆シミ、シワなどの老化現象が改善された。

◆ニキビ、肌荒れなどの肌トラブルが改善された。

人生の変化

◆急に男性にモテるようになった。

◆性格や考え方がぴったり合う素敵な男性と巡り合い、結婚した。
◆気の合う友達がたくさんできた。
◆仲よくしたいと思った人と、必ず仲よくなれるようになった。
◆苦手な人と自然と縁が切れた。
◆夫や恋人が優しくなり、不和がなくなった。
◆子育ての悩みが解決した。
◆やりがいのある仕事につけた。
◆仕事が成功して、収入がふえた。
◆「かわいいね」「いつも幸せそう」とよくほめられるようになった。

などなど、数え上げればきりがありません。フェロモンスマイルトレーニングは顔の美容法ですが、顔以上に人生や生き方が変わったと感じる人が多いようです。きれいになれば気持ちが美しくなって楽しくなるし、楽しそうな人には人もお金も集まってくるからでしょう。

ですから、「つらいことばかりで、とても笑えないわ」という人ほど、フェロモンスマイルで笑ってほしいと思います。「美しさ」と「幸せ」はイコールで、そのカギは「笑顔」が握っているのです。

美と幸運の両方の女神から愛される

フェロモンスマイルによって、すべての人間関係やコミュニケーションが好転し、夫や恋人、家族が優しくなった、職場で大事にされたといった声は枚挙《まいきょ》にいとまがありません。これは幸せな人生を送る基本で、「運が開けた」といって喜ぶ人があとを絶ちません。これはなぜでしょうか。

教室にやってくる生徒さんの多くは、最初、笑い方が下手です。自分に自信がないので、笑うこと自体をあまりしません。自分が嫌いだからいつも心が楽しくないし、心が楽しくないので笑えない。無表情で生気がなく、第一印象で莫大《ばくだい》な損をしています。がんばって笑おうとしても、ふだんの生活の中でも無表情で表情筋をほとんど使っていないため、こわばった笑顔になります。

しかし、フェロモンスマイルトレーニングを行うと、表情筋の柔軟性が増し、どんな人でも、自然な笑顔が出せるようになります。いつも暗い顔をしている人や、表情の固い人でも、まるで別人のようにナチュラルで感じのいい笑顔に進化していきます。

理由は、顔の筋肉はすべて心につながっているからです。脳は、感情によって表情筋を動かし、その人の心の状態を表現します。悲しいと泣くし、楽しいと笑うし、ムッとするとみけんにシワが寄ります。

通常、表情筋は脳からの情報伝達を受けて動いています。筋肉と脳の間には、両者を結ぶ神経回路をはじめとしたパイプがあり、つながっているわけです。ですから、逆に、表情を意識的に作ることで、脳をコントロールすることもできます。口角を上げて、目を細めて、形だけでも笑ってみてください。すると脳は「楽しい」と認識し、本当に楽しくリラックスした気持ちになるようにできています。筋肉という体の外側からアプローチをしても、脳や心といった体の内側に変化を及ぼすことができるのです。

そのため、フェロモンスマイルを始めると、心の状態にも変化が起こります。イライラや怒りといった感情が抑制され、リラックスしてストレスを感じにくくなります。たとえつらい現実が変わっていなくても、心の変化は起きるので、作り笑いが本当の笑顔へと変わっていきます。

こうなるとしめたもの。心からの笑顔は周囲に好印象を与え、あなたの好感度はぐんぐん上がっていきます。知らず知らずのうちに「ニコニコしていて感じのいい人」「いっしょにいて楽しい人」「めったに怒らない優しい人」と思われるようになり、あらゆる人間関係がうまくいくようになります。

人間関係において、あなたを取り巻く人たちは、あなたの鏡のようなものです。「周りの人が感じ悪い」という人は、たいてい自分自身がムスッとして感じの悪い顔をしています。いつもニコニコしていれば、周囲の人間はあなたの幸せな笑顔に癒《いや》され、自然とあなたを好きになるようにできています。

ですから、最初は自分の人生に不満がいっぱいだった生徒さんも「夫が優しくなった」「気の合う友達ができた」「取引先が熱心に話を聞いてくれるようになった」とうれしそうに報告してくれます。

フェロモンスマイルを実践すれば、さびしい毎日は楽しく、さえない人生が華やかに変わり、顔も人生も輝き始めるのです。

どうです、笑わないともったいないでしょう？　私は普通に話しているときでも、口角を上げてほほえみながら会話します。もう笑顔が「顔ぐせ」になっていて、それが自然なのです。笑顔でいればいるほど愛されて幸せになるのですから、ほほえまずにはいられなくなってしまいました。

また、人と会うときは必ず鏡で顔をチェックします。お化粧直しのためではなく、いい笑顔になっているかどうかの「顔つき直し」をするためです。人はどうしても緊張が解けると素の顔に戻ってしまいます。大切な人に会う前には必ず「顔つき直し」をして、最高にかわいい笑顔で登場しましょう。相手の態度がまるっきり変わってきます。

「顔ぐせ」に「顔つき直し」、フェロモンスマイルトレーニングを通してこの2つを実践すれば、幸運の女神と美の女神、両方に愛されるといってよいかもしれませんね。

第2章
フェロモンスマイルトレーニングを成功させる最短レッスン

たったの5分で顔が変わる!

不要なものをそぎ落とし効果を集約した

私は自分の顔が抱える欠点をひとつひとつ解消させるため、試行錯誤をしながら表情筋《ひょうじょうきん》のトレーニングを重ねてきました。しかし、みなさんはそんな遠回りをする必要はありません。最短距離できれいになるよう進化させていったのが、今のフェロモンスマイルトレーニングです。

とても簡単で、だれにでもできます。お金もかからず、鏡以外に用意するものはなにもありません。ここでは、フェロモンスマイルトレーニングを始める前に、より効果的に行うための秘訣《ひけつ》をご紹介しましょう。

この本では、顔のトラブル別に6つのパターンのトレーニングをご紹介します。

現在に至るまでの過程では、6パターンだけではなくもっとたくさんの種類のトレーニングがありました。ですが、長年の経験と研究で、運動の数が効果には直結しないということに気がつきました。トレーニングの数は少なくても、効果を上げることはできるのです。

逆に、種類が多いと続けることができなかったり、疲れてしまったりとデメリットもあります。この本でご紹介するのは、不要なものをそぎ落とし、毎日続けられるようにとエッセンスを集約したトレーニングの数々です。

しかも、実際に行うのは、６つのパターンのうち、たったの２つだけです。２パターンなら、５分もかからずに終わります。そのため、「これでほんとうにきれいになれるのかしら？」と物足りなく思う人もいるようです。実際にやってもらうと、「ええ！　たったこれだけ？」と、さらにびっくりされるかもしれません。

私も10年間は、目の下のたるみとほうれい線のパターンを中心にやってきましたが、それだけでも現在の目もと、口もとができあがりました。とてもシンプルですが、続けていけば、少なくとも私のように顔は変化していくはずです。

自分の顔の好きなところと嫌いなところを選ぶ

トレーニングは、自分の顔の好きなところを含むパターンと、嫌いなところを含むパター

あなたはどんな顔をしていますか？

ンを、それぞれひとつずつ選んで行います。

まずは、鏡を見てみましょう。あなたはどういう顔をしていますか？

パッチリしている目がかわいいと思う。鼻がもうちょっと高ければいいのに……。あら、二重あごが前より目立ってきた気がする。などなど、いろいろな感想があるでしょう。そうして見つけた、自分の顔の好きなところと嫌いなところを、それぞれ72ページの表に書き出してみてください。

実際にフェロモンスマイルトレーニングを行うと、好きなところは、動きがスムーズなはずです。ふだんからよく使っているため筋肉が柔軟で、外に見えている部分もきれいです。

逆に、嫌いなところは動かしにくく感じるはずです。それは、その部分の表情筋が衰えて硬くなり、たるみやシワとなって表面に現れているのです。

それでは、自分の目が好きなら「目の周りのシワ・たるみ解消」、二重あごが嫌いなら「二重あご解消」というふうに、プログラムの中から2つ選んでトレーニングを始めてください。

「欠点を直したいんだから、嫌いなところだけを2つ選んでやればいいんじゃないの？」と思うかもしれません。

しかし、悪いところを直そうというこだわりからスタートすると、たいてい失敗します。表情筋が動かしにくくてやりにくいので、ついついトレーニングがさぼりがちになってしまいます。なによりも、自分の欠点ばかりを集中的に見続けていても、あまり楽しい気分になれません。

それよりも、できるところをやったほうが、ずっと早く結果が出ます。好きなところの周囲の表情筋はよく動くので、一日一回、数分のトレーニングは苦にならず必ずできるものです。

それに、表情筋は部分部分でつながっているため連携して動くので、ひとつの表情筋を鍛えることで周囲の筋肉もいっしょに鍛えることができ、顔全体のトレーニングになるようにできています。

好きなパターンから出発しても、嫌いなパターンから出発しても結果は同じこと。だったら、きれいなところから磨きをかけたほうが、楽に続けられます。

まずは鏡を見て、好きなところと嫌いなところを見つけましょう。そのうえで、60ページからのトレーニングを一通りやってみて、やりやすいパターンと、やりにくいパターンを見つけてください。ある程度できるようになったら、違う体操に変えてもかまいません。

なりたい理想どおりの自分になる!

成功のコツは「イメージング」

最近では、美容の世界でも表情筋が若さの秘密という考え方が浸透してきました。しかし、ただ表情筋を鍛えるだけでは、フェロモンスマイルによるさまざまな変化は起こりません。これほどまでに顔が変わるのは、私が表情筋のトレーニングにある要素を加えたおかげです。特別難しいことではありませんが、あるとないとでは、結果がだいぶ違ってきたと思います。それが「イメージング」です。

私の理想の女性は、以前から「顔はオードリー・ヘップバーン、ボディはマリリン・モンロー」でした。フェロモンダイエットは女性ホルモンを活性化させるので、おかげでボディはかなりグラマラスになりました。若いころのAカップがGカップになり、マリリンにだいぶ近づけたと自負しています。

そこで、顔の変革に取り組み始めてからは、「よし、私はオードリー・ヘップバーンになるわ、絶対なる！」と決意。家じゅうにオードリーの写真を貼《は》り、毎日眺《なが》めました。鏡を見ながらトレーニングするときも、さえない自分の顔ではなく、オードリーの顔を脳の中に描きながら行ったのです。

純日本人顔だった昔の私を知っている人なら、「オードリー・ヘップバーン？　なんて無謀な！」と思うかもしれません。無理もありません。冒頭の写真のように、目は小さく鼻は大きく低く、顔のサイズにいたっては、今の倍くらいあったんじゃないかというくらい大きかったのですから。

でも、実際に「私はオードリーよ！」と図々《ずうずう》しくいい出してからのほうが、変身度は大きくなりました。目はパッチリ、鼻はスッと高くなり、あごの線はぐっとシャープになりました。この本のカバーの写真も、オードリーを意識しています。どうでしょうか（笑）。それに、オードリーへの変身の過程はほんとうに楽しく、毎日のトレーニングがつらいと思ったことはありません。ワクワクしながらやっていました。

そこで、教室でも、このイメージングを取り入れてみました。ただ方法を指導するだけでなく、最初に「理想の人を教えてちょうだい」と聞くようにしたのです。そして、その理想の顔を必ず心に描いてトレーニングしてもらうようにしました。

具体的な「なりたいイメージ」を持つようにしてもらうと、トレーニングの効果は格段に早く出るようになります。

好きなものは頭にスッと入ってきて、自然と似てくるようにできています。イメージを頭の中に描ける人は、脳から「このイメージどおりの顔になれ！」と指令が飛ぶのでしょう。私が10年かけて歩んできた変貌《へんぼう》の道を、たった数カ月で達成してしまう人もいます。その生まれ変わりの早さには目を見張るほどです。

現在、生徒さんに人気なのは、女優の黒木瞳《くろきひとみ》さんやモデルの蛯原友里《えびはらゆり》さん。光栄なことに、「吉丸先生みたいになりたい」といって、私の写真を持っている人も多いです。私をイメージしている生徒さんは、当然、私に似てきます。そんな人たちといっしょに講演会に行くと、「みんな吉丸先生に似てる！」とびっくりされてしまうほどです。

新しい自分の設計図を思い描く

また、「目を二重にしたい」「ほうれい線を薄くしたい」など、パーツごとに改善しようとしても、効果は現れにくいものです。

ストイックにほうれい線解消のトレーニングを続けても、そこだけに集中していては、全体のバランスが見えてこないからです。

人はどうしても、自分がコンプレックスを感じている場所に目がいきがちです。「二重あごが死ぬほどいや」「ほおのシミがなければ」「目じりのシワさえ取れれば」と、小さな欠点を直そうと必死になります。すると、脳はその欠点を明確にイメージし、頭の中に描き出すことになります。そうではなく、顔、表情、体形、姿勢、雰囲気《ふんいき》を、まるごと憧《あこが》れの人に近づけること。それがイメージングです。

第一、欠点を見てトレーニングしても楽しくありません。それよりも、「私の目、だんだんオードリーっぽくなってきたかも?」と思いながら行ったほうが、断然楽しいし、楽しくなれば必ず続けられます。美容法の最大の敵は、途中でやめてしまうことです。つらいこと、めんどうくさいことはなかなか続きません。

イメージは、いわば新しい自分の設計図です。設計図をきちんと描かなければ、立派な家は建ちません。古い家は取り壊して、おしゃれで素敵で、快適な新しい家を建てる。壊れた家の残骸《ざんがい》をあーでもない、こうでもないといじり続けても、時間の無駄です。

最初は形を覚えるだけで精いっぱいでしょうが、だんだん形ができるようになったら、理想のイメージを持って、それぞれのトレーニングを行ってください。

年齢を重ねても顔は変えられる

生徒さんの中には、60代、70代の女性もたくさんいらっしゃいます。といっても、私自身が58歳ですから、実際の年齢はそう変わらないのですが、ときどき「もう年だし、吉丸先生みたいにはなれないわ」という人がいます。

そんなとき、私は「あ、それでは永遠にきれいにはなれません」とぴしゃりといいます。するとと皆さん、あわてて「えー！　うそよ、先生みたいになりたいのに！」と訂正しますが、「だって、今の言葉を、あなた自身が聞いてしまったでしょう。私がどう手伝っても、自分が無理だと思っていたら、きれいにはなれないのよ」と教えてあげます。

実際、同じフェロモンスマイルを実践しても、年齢を言い訳にしている人と、「先生以上に若返ってみせる！」と思って行っている人では、結果がまるっきり違ってきます。前者は60歳なら60歳なりの美しさしか得られませんが、後者はあっという間に10歳くらい若返って、50代、40代の容姿を手に入れることができます。

年を取るということは、老けることではなく、成長するということです。フェロモンスマイルで心身ともに成長すれば、いくつになっても美しくなれます。60歳で始めたとしても、

70歳のときには20歳若返って、50歳の容姿になっています。それに若いときより、自分を知り、社会を知り、人をたくさん知っているからこそ、より深みのある美しさを体現できるようになります。

「年だから」は、自分の可能性を否定する言葉、自分自身に枠を作ってしまう言葉です。安易に口にすると、脳が「年相応に老けた自分」をイメージしてしまうので、禁句にしましょう。

いい加減がきれいを招く

いいことずくめのフェロモンスマイルトレーニングですが、継続しなければ効果は得られません。成功して素敵な笑顔になる人、挫折《ざせつ》してあきらめる人の違いはなんでしょうか。

たくさんの生徒さんを見てきましたが、次のタイプに失敗する人が多いようです。

・優等生タイプ

まじめで、なにごとにも完璧《かんぺき》を求めます。そのため、トレーニングを一度でも休んでしまうと、「もうだめ、許せない」と、すべてを投げ出してしまいます。きっちりやらなければ気がすまなくて、それができない自分が許せない。結局やめてしまうので、なにも得られず終わってしまいます。

最終的にきれいになっているのは、多少いい加減なタイプ。自分を上手に許せる人で、「今日はできなかったけど、明日からまたやればいいわ」という前向きな人です。

・理屈っぽい人

こうした人も、効果半減です。

「ほんとうに効果があるのか？」「この方法に根拠があるのか？」「ほかにもっといい方法があるのでは？」と、疑問で頭がいっぱいです。「きれいになりたい」というプラスの感情と、「ほんとうかしら？」というマイナスの感情の間でどっちつかずの状態になって、イメージングができなくなってしまいます。

そういう人は、私や体験談の人の実際の写真を見てください。フェロモンスマイルで変わった私たちの顔を見て、「こうなりたい！」と思ったら、理屈は抜き。その気持ちを大切にして、まずは始めてみましょう。

・理由探しをする人

成功した人を見て、「あの人はもともときれいだから」「お金持ちで余裕があるから」という理由づけばかりしていませんか？

フェロモンスマイルは、やればだれでも、必ずきれいになれる方法です。特別な要素はなにひとつ必要ではありません。他人と比較ばかりしていると、自分を見失ってしまいます。自分の魅力を引き出すことに集中しましょう。

さて、いちばん困るのが、理想のない人です。「どんなふうにきれいになりたいの？」と聞いても、「いえ、なにしろきれいになれれば」としか答えられません。フェロモンスマイルに理想のイメージは不可欠です。

まずは、自分の顔を鏡で観察してみてください。「もう少しほおの位置を高くしたいな」「目が大きければいいのに」「アイドルのあの子みたいにかわいくなりたい」という気持ちが生まれてきませんか？

欲張りな人ほどきれいになるのがフェロモンスマイルです。理想は高ければ高いほどいいので、明確に持つようにしましょう。

コンプレックスから自分を解き放つ

だれしも、なにかしらひとつくらいはコンプレックスを抱えているでしょう。

コンプレックスは、必ずしも悪いものではありません。顔に関していえば、「目が小さい」「顔が大きい」など、マイナスのコンプレックスがあってこそ、自分がどうなりたいかということもわかってきます。

ところが、ときどき、「どうしてそんなところを気にするの？」という人がいます。小さな欠点に異常にこだわって、そこをなんとか解消しようと四苦八苦している人。ところが、他人から見ると全然気にならなくて、「それよりその仏頂面《ぶっちょうづら》をなんとかしたほうが……」という感じの人です。

そういう人は、愛する人にその欠点を指摘された経験を持つ人が多いように感じます。初恋の人に「ニキビ面」といわれ、それから顔を上げられない人。お母さんに「鏡なんか見てないで勉強しなさい！」としかられ、今でもきれいになるのに抵抗がある人。

心が成熟しきっていないときに受けた言葉は、なにげない一言でも、強烈なトラウマとなって残ります。でも、その人たちは、あなたをみにくくしようといったわけではないのです。確かにつらかったかもしれません。でも、執着するのはやめて、自分を解放してあげてください。ほんとうの自分が見えてくるはずです。

もし、自分の顔がとにかく嫌い、欠点だらけだと感じている人は、最初にフェロモンスマイルトレーニングをフルコースで行ってみてください。大変ですけれど、最初の1カ月くらいは、6パターンすべてをがんばってやってみましょう。

すると、一気に顔が変わります。美しくなるにつれ自分の美意識が確立されるので、「鼻すじをもっと通したい」「女優のあの人みたいな目になりたい」などの具体的な理想イメージが出てきます。それからパターンを絞って行います。

そして重要なのは、問題点が把握できたからといって、「そこを直そう」というこだわりでトレーニングを行わないことです。

イメージングの項でも解説しましたが、トレーニングは「憧《あこが》れのあの人みたいに、きれいになろう」という気持ちで行うのが大前提です。「ここがみにくいから変わりますように」という気持ちで行うと、効果は半減してしまいます。というのも、こだわればこだわるほど、脳はその部分を明確に記憶し、表面にも影響を及ぼすからです。

顔の教室を始めてしばらくすると、私はきれいになるまで時間のかかる人と、1カ月足らずで劇的にきれいになる人の、2つに分かれることに気がつきました。それから、「同じことをやっているのに、どうしてこんなに差があるのかしら？」と、長いこと不思議に思っていたのです。そしてようやくわかったのが、コンプレックスにこだわればこだわるほど、そこは直らないということです。

「先生、私は小さな目をパッチリさせたい、そのためにこのトレーニングを毎日必ずやり遂《と》げます！」と一生懸命な人よりも、「私、女優の黒木瞳さんみたいなキラキラした目になりたいの。だからがんばりまーす」くらい能天気な人のほうが、時間をかけずにきれいになっていきます。

「自分はブサイクだ、少しでもきれいになりたい！」という気持ちは、「みにくい自分」の自己暗示をかけています。よく、「やせたい、やせたい」と口ぐせのようにいっていて、なかなかやせられない人がいますね。それは、「太っている自分」の自己暗示をかけているからです。

脳に新しいきれいな自分をインプットさせるためには、欠点ではなく、よいイメージを持つことが肝心です。そうしないと、遠回りになってしまいます。

また、人間は不都合なことは忘れるようにできています。こだわりを捨て、トレーニングに精を出せば、つらかったこと、みにくかった自分は忘れてしまうもの。

私の教室では最近、こんなことがありました。教室ではレッスンの初回に、顔写真を撮影します。トレーニング前の顔を記録しておくと、終わったあとにどれだけ顔が変わったかがよくわかるからです。

そんな中、現像が遅れて、顔写真を渡すのが2カ月後になってしまった生徒さんがいました。「遅れてごめんなさいね」といって渡すと、その人は写真を見てポカンとしながらこういったのです。

「これ、だれですか?」

それくらい、別人になってしまっていました。その人自身も、すでに若くてかわいい新しい自分をインプットしてしまったので、昔の姿は全然記憶にないのです。おもしろいでしょう? このほうが、ずっと楽しい人生を送れるようになります。

そして、それは明日のあなたの姿でもあるのです。

さあ、フェロモンスマイルトレーニングを始めましょう。

フェロモンスマイルトレーニングは、
とても簡単で、だれにでもできます。
お金もかからず、時間すらも5分で済みます。
必要なのは、鏡と「変わりたい」と願う
あなたの気持ちだけです。

鏡を見るくせを作りましょう

「鏡を見る」行為は、美容の基本中の基本です。鏡を見るということは、そこに映った自分を感じ、自分を忘れないということ。

フェロモンスマイルトレーニングを通して、日常的に鏡を見るくせをつけるようにしましょう。

顔のトレーニングも、慣れるまでは鏡を見ながら行います。

まずは目線の高さに鏡を用意します。洗面台や鏡台など、上半身が映る大きめの鏡か、なければ手鏡でもかまいません。注意してほしいのは、首を傾けたり、あごを引いたりせず、背すじをまっすぐに、姿勢を正した状態で鏡を見ること。

ななめに角度をつけて鏡を見ると、顔の印象はだいぶ違ってくるし、他人から見られている顔とは別の状態を見ていることになります。

テーブルの上に置いた鏡を上からのぞき込んだり、ななめに傾いた姿見を見て行ったりするのはNGです。手鏡は、顔の正面に、まっすぐに持ちましょう。

ふだんから小さな鏡を使っている人、鏡を下に置いて化粧している人は、この際見直してください。

正しい姿勢で行えば体形まで変わる！

姿勢は漢字のとおり、あなたの姿の勢いです。姿勢が悪いと人生も悪くなってしまいます。美しくなりたいのなら、まず姿勢です。

フェロモンスマイルトレーニングは、背すじを伸ばした正しい姿勢で行えば、立って行っても、座って行ってもかまいません。猫背《ねこぜ》、寝ながら行う、ひじをつくなどの姿勢はだめ。

基本的に、フェロモンスマイルトレーニングは、顔の一部だけを鍛えるものではありません。

筋肉はすべてつながっていますから、きちんとやれば、体全体のバランスを整える効果が大きいのです。

姿勢を正すだけでも弛緩《しかん》した筋肉が緊張して鍛えられるし、背すじがピンと伸びて印象がガラリと変わります。ですから、「額の横ジワを取るために始めたのに、猫背が直ってスタイルがよくなった」という人も少なくありません。

また、真正面で鏡を見すえる姿勢を身につけることで、他人と話すとき、しっかりと目線を合わせられるようになります。上目づかいや、視線を外して話す人というのは、感じが悪いですよね。第一印象アップのためにも、鏡を顔の目線の高さにすえる習慣をつけましょう。

理想の人の写真を身近に置く

あなたが憧《あこが》れる人、目標とする人はだれですか？

「こうなりたい」とイメージする、憧れの人の写真を用意します。

私は、オードリー・ヘップバーンの写真を鏡のそばに置いて、鏡を見るたびに、オードリーのかわいらしい顔も見ています。

また、映画「ローマの休日」は、何回見たかわかりません。オードリーのかわいらしい仕草や表情は、私の頭の中にインプットされています。

みなさんも、好きな女優さんの切り抜きをファイルし、出ている映画やドラマを見て研究してください。

好きなものは見ているだけでスッと脳に入ってきて、いつしか似るようにできているものです。

慣れたらいつ、どこで行ってもOK

トレーニングを習慣づけるために、最初のうちは「寝る前にベッドの中で」「入浴のあとに洗面所で」など、時間と場所を決めて行ったほうが効果的です。正しい方法で行えば、そのぶんだけ効果も早く現れます。まずは、鏡の前でプログラムどおり行ってください。

正しい動きを覚えてトレーニングに慣れてきたら、「ながらトレーニング」を始めてもよいでしょう。ながらトレーニングを始める目安は、トレーニング中に鏡ができて、トレーニング中の自分の顔をしっかりイメージできるようになってからです。

◆トイレの壁に鏡をかけて、座っている時間を利用する

◆おふろの壁に鏡をかけて、半身浴《はんしんよく》（みずおちから下だけお湯に浸かる入浴法）をしながら行う

◆通勤電車の中で、窓ガラスを鏡代わりにして行う

あとは、掃除機をかけながら、食器を洗いながらなど、体は動かしていても顔は暇ですから、同時に行ってみましょう。

日常生活の、なにか慣れている動作にプラスして行ってみてください。これは、2つのことを同時にすることになるので、脳のトレーニングにもなります。

得意なものと苦手なものをひとつずつ選んで行う

私はすでに慣れてしまっているので、フェロモンスマイルトレーニングも、決められたパターンをするのではなく、鏡で顔をチェックして、必要だと思うパターンだけを行います。する気がないときは最小限しかやらないし、やるとなったらフルコースで徹底して行います。

まず、いちばん最初に、基本どおりにフルコースを行ってみてください。

やりやすいもの、やりにくいものがあるはずです。その得意不得意と、自分の顔の気になるところをつき合わせて、苦手なパターンと得意なパターンを選び、2種類を続けるとよいでしょう。

このように、フェロモンスマイルトレーニングは、好きなパターンと苦手なパターン、2つのプログラムを選んで行うのが基本です。

しかし、週に一回などたまにでいいので、フルコースで行ってみてください。

次の日、「顔のサイズが違う！」というくらいに、筋肉がキュッと引き締まっているのがわかるはずです。

また、忙しくて忘れていた、疲れてできなかったという場合でも、次の日からまた再開すれば問題ありません。

1

額の横ジワを解消する

額《ひたい》は眉《まゆ》から髪の生え際までのことをいいますが、皮膚の下の筋肉は、後頭部までつながっています。額を覆《おお》っている前頭《ぜんとう》筋《きん》と、頭皮を後ろに引っ張る後《こう》頭筋《とうきん》が頭の中心で束になって広がっており、これらが連動して動いています。前頭筋と後頭筋は非常に距離の長い筋肉なので、この運動は10回と回数が多くなっています。

額だけでなく、頭皮全体を意識しながら行いましょう。目をパッチリさせる効果もあります。

チェックしましょう

額のシワは代表的な表情ジワです。老化現象だけでできるシワではありません。ふだんの表情のくせが溝となって固まり、横ジワになってしまったものです。あなたはいつも上目づかいで人を見たり、眉を上げながら話したり、眉をピクピク動かしたりしていませんか？　これらのクセは、シワが刻まれるだけでなく、相手に対してとても悪い印象を与えます。トレーニングとともに、ふだんの話し方、目線にじゅうぶん気をつけてください。

さあ、フェロモンスマイルトレーニングを始めましょう。

1

目を大きく見開き、
5つ数えながら眉を
上げます。

2

眉が上がりきった
状態で静止し、
5つ数えます。

3

5つ数えながら、
自然な表情に戻します。

＊1〜3を10回行います。

2

目の下のシワ・たるみを解消する

私がこの17年間、これをしない日はないというトレーニングです。

下まぶたは一度ゆるんでくると、どんな高級な化粧品を塗っても元に戻りません。たるみを取る唯一の方法が、この運動だといってもよいでしょう。鼻の下を伸ばしながら行うことによって、下まぶたの筋肉は強烈に引っ張られ、きれいに筋肉が鍛えられます。

目の周りを囲んでいる眼輪《がんりん》筋《きん》全体も鍛えるので、上まぶたのたるみや目じりのシワにも効果的。また、血行がよくなるので、目の下のクマの解消にも即時に効きます。

チェックしましょう

上手に下まぶたを引き上げられますか？　あまり使わない筋肉なので、硬くなっている人も多いでしょう。そういう場合は、まぶしい目をしてみてください。

まぶしいとき、私たちは無意識に下まぶたの筋肉を使っています。最初は難しいかもしれませんが、だんだんと動かせるようになってきます。

硬い筋肉が柔軟に動くようになったということは、脳からの指令が行き届くようになったということ。つまり脳の活性化にもつながるので、上手にできるまでしっかりと動かしてあげましょう。

さあ、フェロモンスマイルトレーニングを始めましょう。

1

正面を向いて、
軽くあごを引きます。
その状態で口を軽く開け、
鼻の下を伸ばして
上目づかいに
なるようにします。

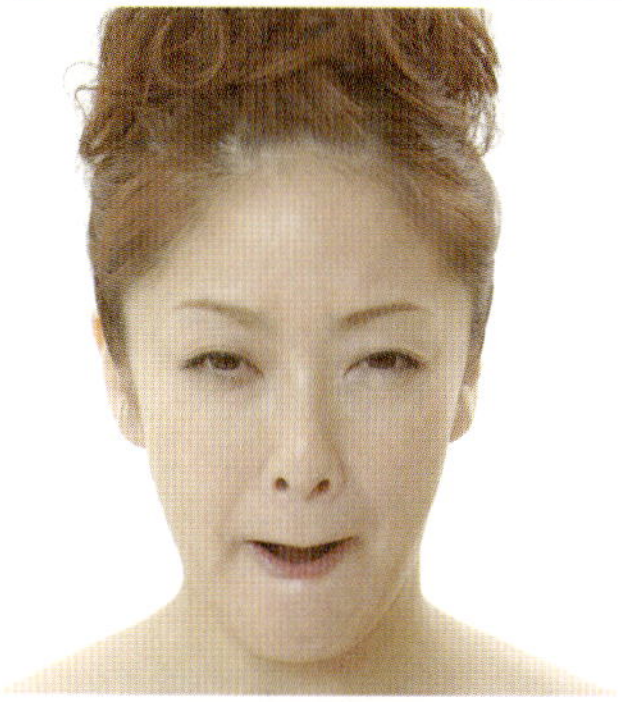

2

5つ数えながら
下まぶたを引き上げ、
そのままの状態で静止し、
5つ数えます。

3

5つ数えながら、
引いたあごを正面に戻し、
顔も自然な表情に戻します。

＊1〜3を3回行います。

3

ほおのたるみを解消する

ほおと口角《こうかく》をつなぐ小頬骨《しょうきょうこつ》筋《きん》を鍛える運動です。

ほおのたるみを取り、いわゆるブルドッグ顔を解消・予防します。顔のたるみは、会う会う人に老け顔をイメージさせてしまい、高齢の印象をもたれてしまいます。ほおの位置が高いと、顔が若々しく見えるので、このトレーニングでしっかり鍛えましょう。

目を閉じながら行うと、グッとほお骨の上の筋肉に力が入るのがわかります。写真では右側から行っていますが、よく動く側を先に行うことで、反対側もスムーズに動くようになります。

チェックしましょう

この運動は、顔の左右にかたよりがないか、チェックしながら行いましょう。右と左で、動きやすさに違いがありませんか？

どちらかの口もとが動きにくい場合は、片側だけで食べているからかもしれません。咀嚼《そしゃく》のときに注意してください。

目もとの場合は、脳の使い方が現れます。右側がよく動く人は、感性型の脳、左側がよく動く人は知性型の脳といわれます。感情も理性もどちらも豊かであってこそ、美しさは作られるものです。ふだんの考え方や行動も見直してみましょう。

さあ、フェロモンスマイルトレーニングを始めましょう。

1
口を閉じて、
笑顔を作ります。

2
右側の口角を
5つ数えながら上げ、
同時に右目を
閉じていきます。
そのままの状態で静止し、
5つ数えます。

3
5つ数えながら、
自然な表情に戻します。

＊1〜3を3回行います。
左側も同じように行います。

4

ほうれい線・口もとのたるみを解消する

小鼻から口もとへ線が入ってしまうのは、口角挙筋《こうかくきょきん》という筋肉が衰えるからです。

口角挙筋が衰え、ほおについた肉が垂れてくることによって、ほうれい線が現れます。

この部位をしっかり鍛えて口角挙筋を発達させ、よけいな脂肪を取り去りましょう。

ポイントは、口もとがだるくなるくらいの力でやること。

1週間毎日実行するだけで、くっきりしたほうれい線が薄く目立たなくなってきます。

チェックしましょう

美しい笑顔は、口角がきれいに上がっています。口角挙筋は小鼻のわきから口の両端に伸びる筋肉で、この筋肉が鍛えられていると、女優のような魅力的な口もとになります。

逆に、あまり笑わない人、口もとがだらしない人は口角挙筋が弱いということ。

口角が下がってしまった老け顔や、30歳くらいからほうれい線が一気に現れてきたという人は、ふだんから「女優スマイル」を意識して、笑うときは口角を上げるようにしてみてください。

さあ、フェロモンスマイルトレーニングを始めましょう。

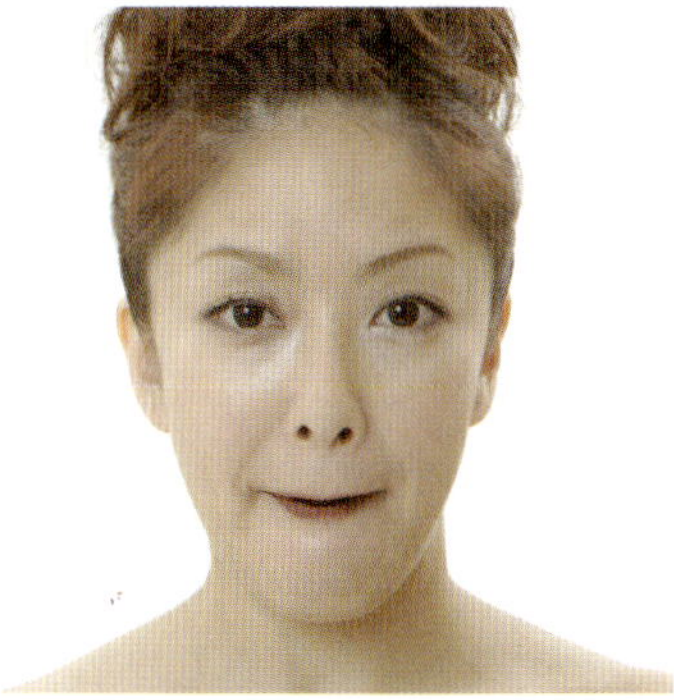

1

唇で歯を巻き込んで、
口角を上げ、
口を１センチほど開けます。
そのままの状態で静止し、
５つ数えます。

2

5つ数えながら、
口の形をアルファベットの
Oの字に変化させ、
そのままの状態で静止し、
５つ数えます。

3

５つ数えながら、
自然な表情に戻します。

＊1〜3を3回行います。

5

二重あごを解消する

この運動は、あごの下から舌につながっている顎舌骨筋《がくぜっこつきん》を鍛えます。

背骨からのどまでをまっすぐに伸ばした状態で舌を出し入れすることがポイントです。天井ではなく、前に向けてエーッと思い切り出してください。舌のつけ根に軽い痛みを感じるくらいであれば効いています。

また、思い切り出した舌を戻して口をグッと閉じたときに、顎舌骨筋にいちばん負荷《ふか》がかかります。しっかり口を閉じましょう。

首を通してつながっている大胸筋《だいきょうきん》も同時に鍛えられるので、バストアップにも効果的です。

チェックしましょう

若いころのフェイスラインと現在を比べてみましょう。あごのたるみ、むくみなどで顔が大きくなっていませんか？

フェイスラインの崩《くず》れを整え、シャープな小顔を作るのがこの運動です。とがったあご、スッキリ細い首をイメージして行ってください。1日3回、1週間続けると、顔が激変します。

二重あごが解消されることで顔がキュッと小さくなり、ほっそりした印象に早変わり。そのため、たいていの人は「あれ、やせた？」と聞かれるうれしい運動です。

さあ、フェロモンスマイルトレーニングを始めましょう。

1

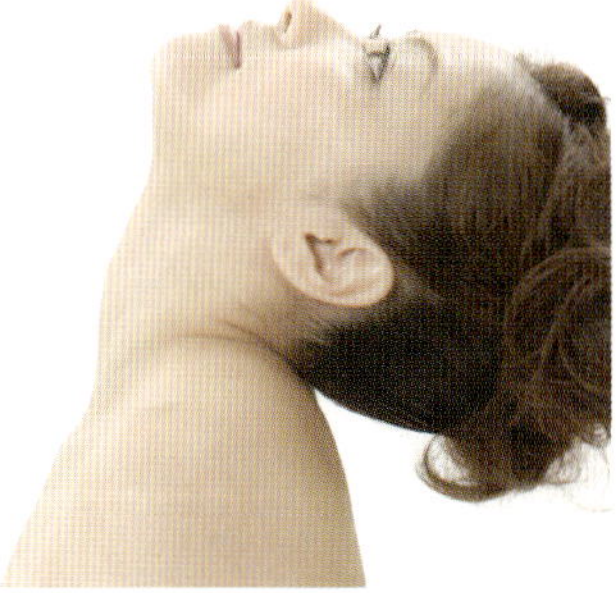

顔を天井に
平行に反らせるように
上を向きます。

2

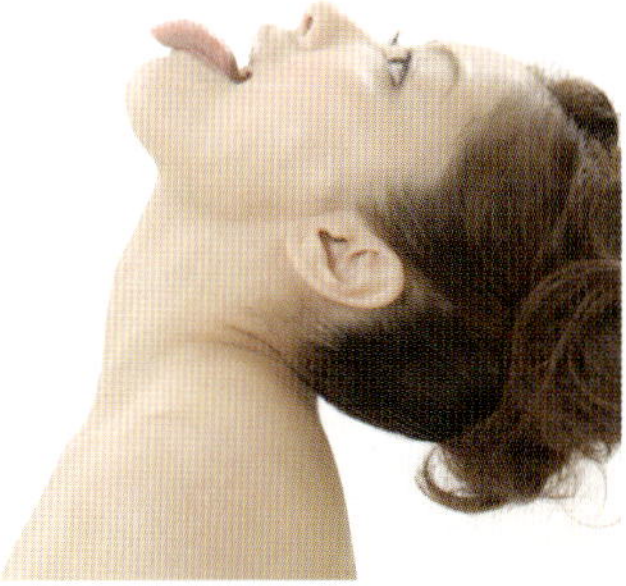

口を大きく開けて
舌をできるだけ前に突き出します。
そのままの状態で静止し、
5つ数えます。

3

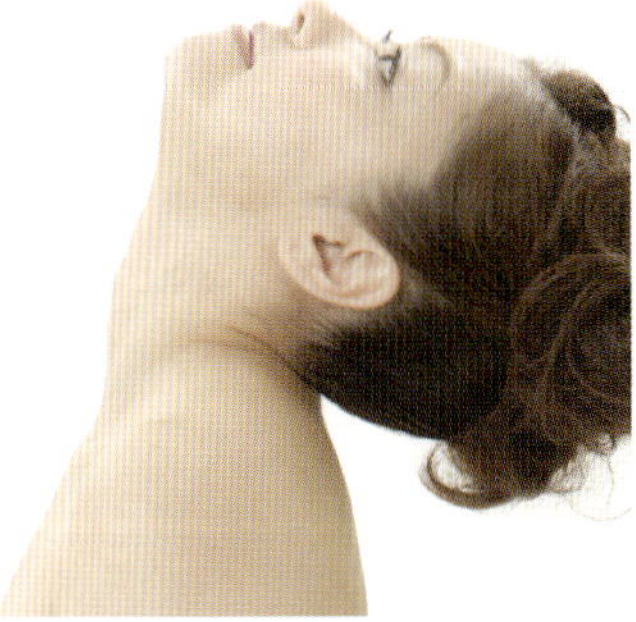

舌を戻して口を閉じ、
そのままの状態で静止し、
5つ数えます。

4

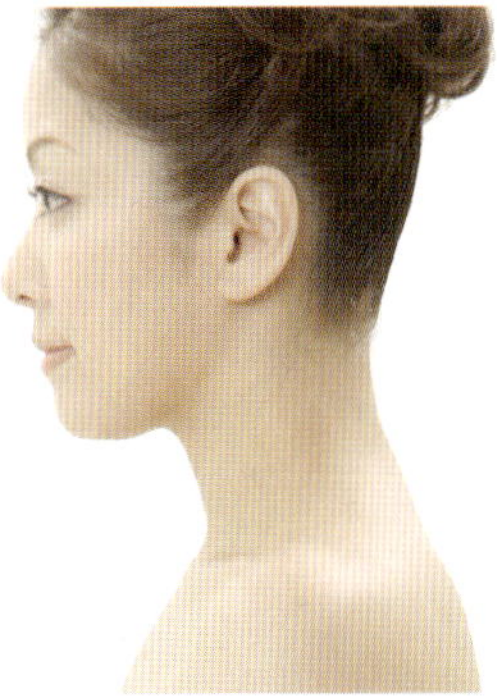

5つ数えながら、
顔の位置を
自然な状態に戻します。

＊1〜4を、3回行います。

6

首のシワ・たるみを解消する

首の広い範囲を覆っている広頸筋《こうけいきん》を鍛える運動です。

広頸筋は距離の長い筋肉で、頭を支える働きをします。年齢とともに衰えやすく、この筋肉が衰えることで首の横ジワやちりめんジワ、たるみの原因となります。

背すじを伸ばし、頭のてっぺんが床を見るくらい、ガクンと落として行ってください。広頸筋がグーッと突っ張るのがわかると思います。

つい口もとに意識がいきがちですが、首に集中してください。鏡を見ないで行う運動ですが、美しい首をイメージするのを忘れずに。

チェックしましょう

鏡を見ながら、首に力を入れて、動かしてみてください。どうですか？　できますか？

実は首だけを独立して動かすというのは、不可能なのです。ほとんどの表情筋は動かそうと思って動かすことができますが、広頸筋には脳の指令が行き届きません。自分で動くことのできない首は、ほかの筋肉に助けられて動いています。

ですから、首のシワを取るときも、下あごを使って伸ばしてあげるのです。人間関係と同じで、人体も協力関係で成り立っていることがわかりますね。

さあ、フェロモンスマイルトレーニングを始めましょう。

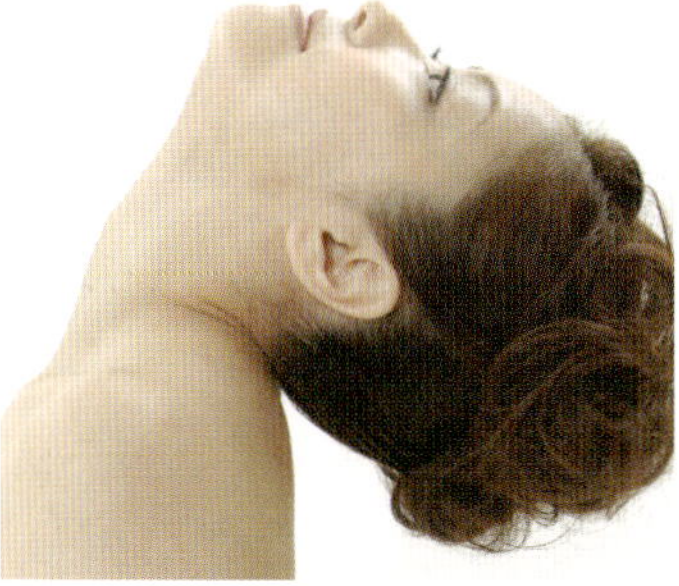

1

口を閉じたまま、
背すじを伸ばして
頭をできるだけ
後ろに反らします。

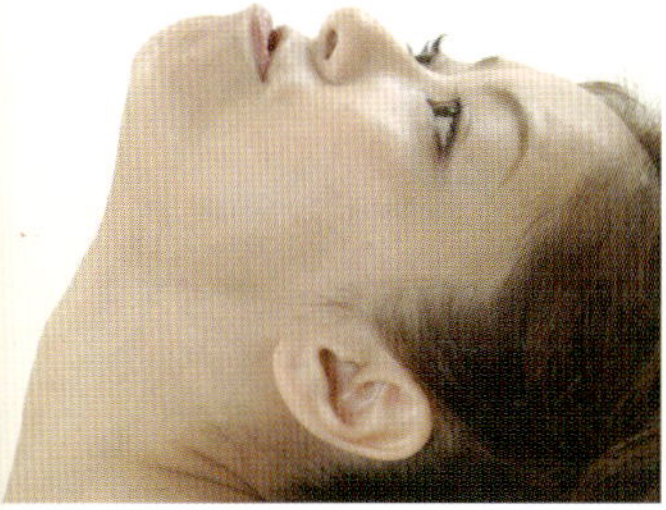

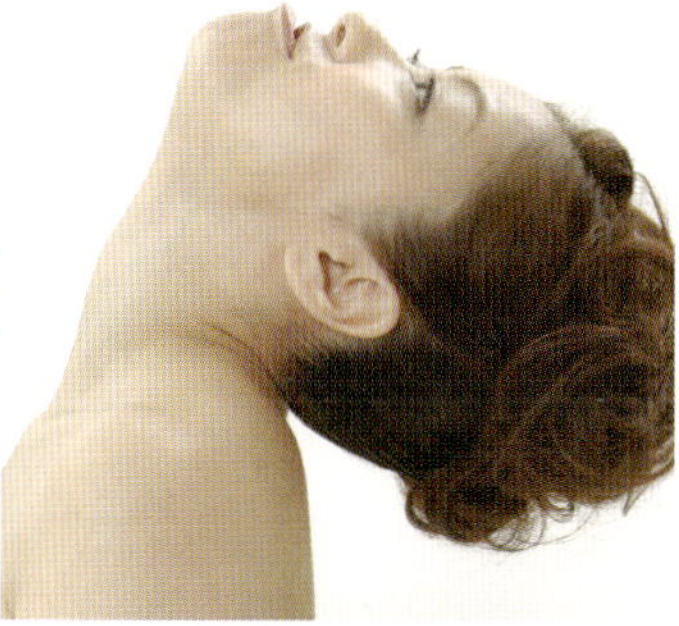

2

下あごと唇を
まっすぐ上に突き出し、
そのままの状態で静止し、
５つ数えます。

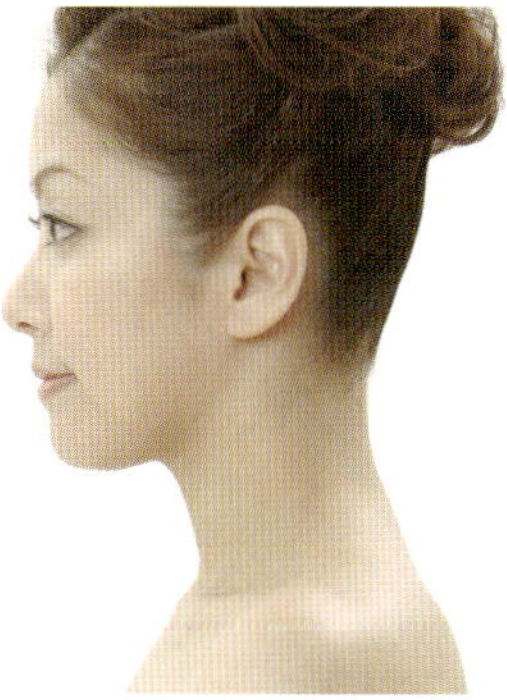

3

５つ数えながら、
首を戻して正面を向き、
自然な表情に戻します。

＊1〜3を5回行います。

あなたはどんな顔をしていますか？

鏡でじっくり自分の顔を見てみます。
自分の顔で、好きなところはどこですか？
できるだけ具体的に書き出してみましょう。

自分の顔で、きらいなところはどこですか？ 具体的に書き出してみましょう。

理想の人、なりたい人はだれですか？

理想の人の雑誌の切り抜きなどを貼りましょう！

第3章
フェロモンスマイルトレーニングでシミやシワが消え、10歳若返る

土台を鍛えてたるみ・シワ知らずの顔になる！

顔のあらゆる老化の原因となる「表情筋の衰え」

フェロモンスマイルトレーニングは、顔の筋肉を柔軟に動かして、素敵な笑顔になるためのいわば「笑顔筋トレ」です。筋トレが顔のトラブルを撃退し、美人を作るしくみを、もう少し詳しく説明しましょう。

私たちの表情は、表情筋《ひょうじょうきん》という筋肉で作られます。表情筋は29種類あり、大小さまざまの筋肉が存在していて、それぞれに付き方や動き方が違います。

それだけの数の表情筋が、網の目のように入り組んで複雑に絡《から》み合い、連携したり反発したりしながら、皮膚を引っ張って動かします。そのため、顔は体のほかの部位とは違って、非常に細やかな動きが可能になります。こうして、私たちは微妙な喜怒哀楽を顔で表現することができるのです。

主な表情筋の分布

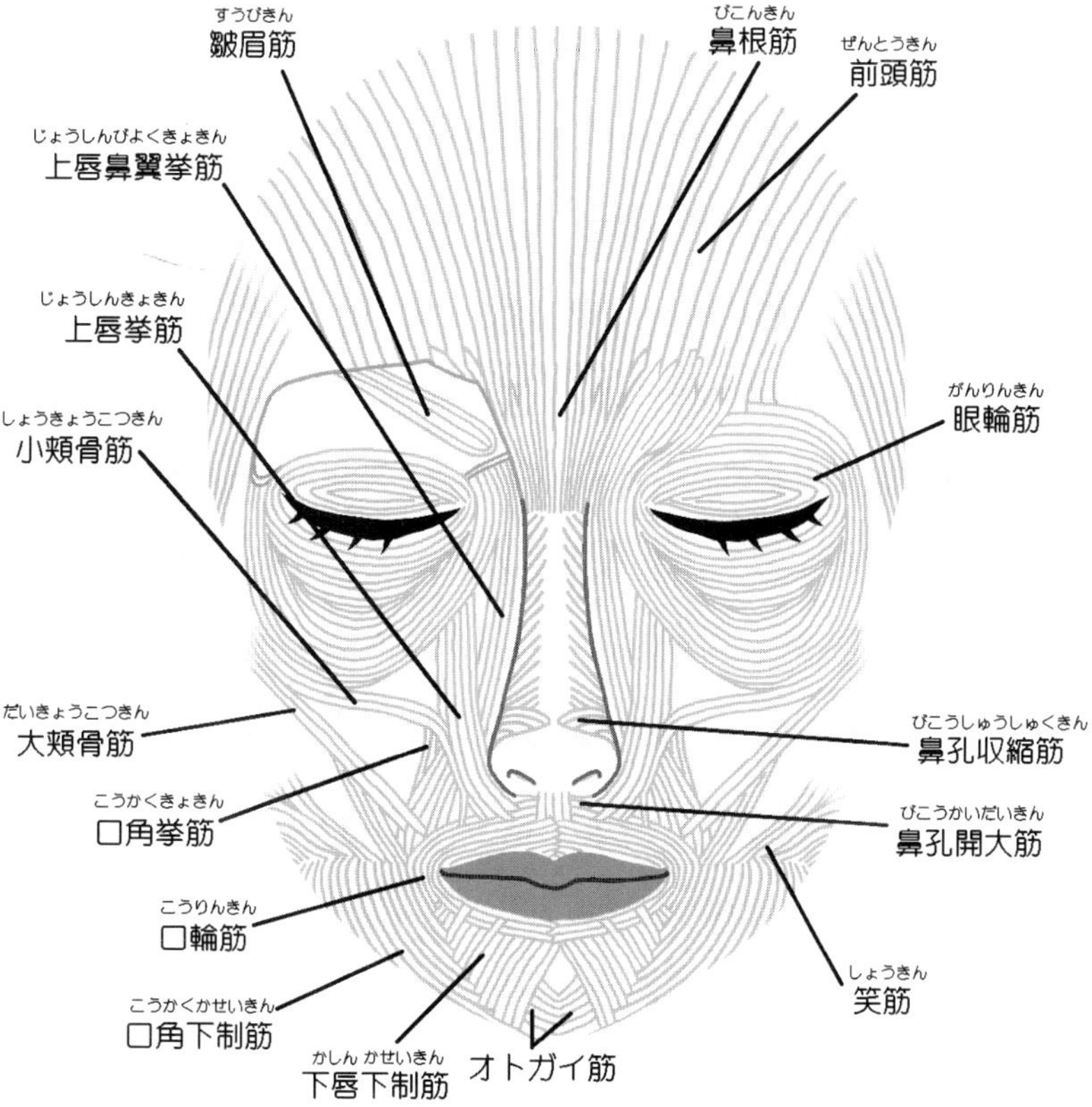
皺眉筋《すうびきん》
鼻根筋《びこんきん》
前頭筋《ぜんとうきん》
上唇鼻翼挙筋《じょうしんびよくきょきん》
上唇挙筋《じょうしんきょきん》
眼輪筋《がんりんきん》
小頬骨筋《しょうきょうこつきん》
大頬骨筋《だいきょうこつきん》
鼻孔収縮筋《びこうしゅうしゅくきん》
口角挙筋《こうかくきょきん》
鼻孔開大筋《びこうかいだいきん》
口輪筋《こうりんきん》
笑筋《しょうきん》
口角下制筋《こうかくかせいきん》
下唇下制筋《かしんかせいきん》
オトガイ筋

表情筋も、足や腕の筋肉と同じように、鍛えれば発達し、使わなければ衰えるという特徴を持っています。

この表情筋が衰えると、顔にはどのようなことが起こるでしょうか?

まず、筋肉が硬くなって縮まり、皮膚を骨側に引っ張ってしまうため、表面に深いシワが現れます。カラスの足跡や口の周りの縦ジワなどが代表的です。

筋力も衰えるので、顔の脂肪を支えきれず、下垂した部分がたるみとなって現れます。たとえば、下まぶたを動かす下眼瞼筋《かがんけんきん》の筋力が弱くなると下まぶたのたるみとなり、疲れた老け顔の要因になります。また、上唇挙筋《じょうしんきょきん》、小頬骨筋《しょうきょうこつきん》などほおにある表情筋が弱くなると、ほおの脂肪がたるんで、ブルドッグ顔を引き起こします。

同じ表情をくり返していても、筋肉が固定化されて、表面にシワができます。眉間《みけん》に刻まれたシワや、額《ひたい》の横ジワなどがそうです。また、年齢とともに筋肉と脂肪はへっていくので、眼窩《がんか》がへこんで落ちくぼんだ目もとになったり、ほおがこけたりします。

このように、老化によってできるシワ、たるみは、皮下組織の下にある表情筋の萎縮《いしゅく》、筋力の退化という物理的な要因で起こっています。化粧品やエステなどでケアしても、それは表面の状態が一時的によくなるだけのこと。ですから、やがて同じようなシワが現れてきてしまうのです。

笑顔を作る表情筋だけを徹底して鍛える

老けないためには、トレーニングで表情筋を強化することがいちばんの近道です。筋肉を鍛えれば、重力に引っ張られるままだった皮膚のたるみが取れ、余分な顔のぜい肉も解消できるので、老け顔になりません。

たくさん動かせば動かすほど筋肉は発達しますが、フェロモンスマイルでは、29種類ある表情筋のうち、主に笑うときに使う表情筋と、首とあごの筋肉だけを鍛えます。目の周りの眼輪筋《がんりんきん》や口もとの口輪筋《こうりんきん》、口角挙筋《こうかくきょきん》は、笑顔には欠かせない筋肉です。トレーニングによってこれらの表情筋の柔軟性が増すと、うれしそうに目を細めたり、キュッと口角を上げて笑ったりできるようになり、自然な笑顔を自由自在に作れるようになります。

また、年齢が現れやすい首の筋肉を鍛えることで、いつまでも若々しい印象を保つことができます。首やデコルテは、顔に比べると見逃されがちな部位ですが、非常に老化がわかりやすい部位です。そもそも顔と首はつながっているわけですから、きれいにメイクをして顔を作っていても、その下にある首がシワシワだったら、バランスが取れません。

また、日本の女性は年齢を重ねるにつれ、首のシワや肌の衰えを気にして、デコルテを隠すような服装をするようになります。そのため、お手入れも怠りがちになり、シワが目立つという悪循環に陥《おちい》ってしまう人が非常に多いように感じます。

首の筋肉は広頸筋《こうけいきん》といい、ここを鍛えることで首のシワを取ることができます。広頸筋を使うと、胸の筋肉もいっしょに引っ張られるので、バストの形や姿勢もよくなり、顔ばかりでなく体全体が若返ります。

血行が改善して弾力が増す

フェロモンスマイルトレーニングによって得られる効果はまだまだあります。

表情筋を動かすことで、血行が改善し、肌のツヤがよくなります。血の巡りのよさがピンク色のきれいな肌を作り、弾力を増して張りのある若々しい肌を作ります。

例えば、目の周りをぐるっと囲んでいる眼輪筋などは、まぶたの動きをつかさどっています。この表情筋を鍛えるとどうなるでしょうか。

目の周りの皮膚は薄く、汗腺《かんせん》や皮脂腺《ひしせん》が少ないため、乾燥しやすくトラブルの多発地帯といえます。目じりのシワ、下まぶたのたるみ、目の下のクマなど、数え上げればきりがありません。スキンケアで保湿してあげることも重要ですが、皮膚の上からのケアだけでは、目もとの根本的な老化は止められません。しかし、笑顔筋トレによって血行がよくなると、皮膚に弾力がつくので、張りのある目もとを作ることができます。

皮膚の張りはカラスの足跡を消し、老け顔を作る下まぶたのたるみを取ります。血行不良による頑固なクマも取れるので、疲れた印象を消し去ります。

よく、「笑うとシワができる」と思って笑うのを避ける人がいますが、血行がよくなることで、皮膚は本来の弾力を取り戻します。笑いジワとして残ることはないので、どんどん鍛えて、ニッコリ笑いましょう。

そもそも、むっつりとした無表情の人と、いつもニコニコと笑っている人を比べてみたら、顔に多少のシワがあったとしても、笑顔の人のほうがはるかに魅力的ですよね。

代謝が促進されて美肌になる

また、肌の新陳代謝《しんちんたいしゃ》が正常化するため、くすみが取れて透明感のある色白肌へと変わります。新陳代謝とは細胞の生まれ変わりのことで、特に皮膚の新陳代謝のことを「ターンオーバー」といいます。肌の美しさはターンオーバーが正常かどうかで決まるといってよく、皮下組織レベルで美肌を実現します。

新陳代謝が正常化することで、代謝《たいしゃ》（体内の物質の処理）が促進されて、古い角質《かくしつ》や老廃物がスムーズに排出されるようになります。そのため、吹き出物やニキビなどの肌トラブルを予防することができます。紫外線によってできたシミも、メラニン色素を代謝することによって改善されます。

さらに、顔の余分な脂肪や水分も代謝されるので、ダイエットしなくても、顔やせができます。

「顔が太っている」「顔が大きい」という人は、皮下組織の脂肪層が厚くなっていたり、水分代謝が悪くてむくんでいたりすることが多いものです。肥満顔やむくみのある顔はもっさりした印象で、年齢とともにたるみを作りますが、代謝が改善されることで解消できます。顔全体の肉厚感がなくなるので、顔やせして洗練された顔立ちに変わります。

顔が小さくなって洗練された顔立ちになる

病気も撃退する笑顔の力

医学的にも証明されている笑いの効果

また、笑いによって、健康になることも医学的に証明されています。笑いと健康の関係について、近年では数多くの研究が行われていますが、その一部を紹介しましょう。

まず、笑うと心身ともにリラックスでき、自律神経《じりつしんけい》の働きが安定します。自律神経とは、呼吸や消化、ホルモンの分泌《ぶんぴつ》など意志とは関係なく臓器の働きをつかさどる神経で、バランスが崩れると冷えや不眠など、さまざまな不調を引き起こします。自律神経はストレスの影響を強く受けますが、笑いでリラックスすることにより、ストレスをやわらげて、自律神経のバランスを正常に保つことができるというのです。

さらに、笑いはＮＫ（ナチュラルキラー）細胞という免疫細胞《めんえきさいぼう》を活性化させることがわかっています。私たちの体の中には、免疫細胞という細胞が存在し、ガン細胞や侵入してきたウイルスなどの異物から体を守っています。このしくみを、免疫といいます。

ある実験で、男女19名にお笑い演芸を見て大笑いをしてもらいました。その前後でＮＫ細胞の活性を調べたところ、全員の数値が上昇したという結果が報告されています（岡山県の伊丹仁朗《いたみじんろう》医師による実験）。そのほかにも、笑いが免疫力を増強し、そのバランスを整えるというデータが続々と提出されています。

そのほか、思いっきり笑ったら血糖値が大幅に下がった（筑波大学の林啓子《はやしけいこ》助教授による実験）、関節リウマチの患者さんに落語を聞かせたところ痛みが軽減した（日本医科大学の吉野槇一《よしのしんいち》教授による報告）など、免疫力以外にも、さまざまな症状において笑いの健康効果が発表されています。

フェロモンスマイルは健康も作る

このように、笑いを治療の一環として取り入れている病院も数多くあります。これは、笑いによって自然治癒力《しぜんちゆりょく》（体が本来持っている病気を治そうとする力）がアップし、治療効果が格段に上がるためです。実際、私も病院で「笑顔の効用」について講演したことが何度もあります。

逆に、怒りや不満はストレスとなって体を緊張させ、血流が悪くなることがわかっています。怒りや不満は、老化の引き金となる感情といってよいでしょう。ですから、私はなるべくイライラしたり、怒ったりしないようにしています。怒ると老けて、笑うと若返るのですから、当然ですよね。おかげで「吉丸さんはめったなことでは怒らない人格者」という評価をいただいてしまいました（笑）。

このように、フェロモンスマイルは、若さと美しさだけでなく、すこやかな体をも作る美容法なのです。

第4章
ハッピー美人になるための「幸せレッスン」

あなたの味方がふえる3つの秘訣

コミュニケーション上手になるために

ここでは、恋愛、仕事、家庭、さまざまな人間関係の中で、笑顔になるためのアドバイスをお教えします。

まずは、コミュニケーション上手になるための3つの基本レッスンです。この3つを実践すれば、人間関係の悩みは激減し、あなたの味方が何倍にもふえているはずです。

「私」を作りましょう

「あの人がいや、この人がいや、そのせいで私はこんなに不幸なの！」

みんな人のせいにしている人がいます。ところが、私が「では、あなたはどうしたいのかしら？　あなたの考えを教えてください」と聞くと、なにもいえません。親がこういったから、夫がこういったから、子どものせいだから、と他人の話ばかりで、「私」というものがないのです。そのため、周囲に振り回されてますます不幸になってしまいます。

そういう人には、「まず『私』を作りましょう」と提案します。私を作ること。それは、イメージングの第一歩といってよいでしょう。「このままで一生終わっていいの？」と問いかけると、「それは……、いやです」と、初めて自分の意志が出てきます。

いやなら、自分を変えるしかありません。顔はどうしたいですか？　もちろん、若々しくてかわいいほうがいいですよね。理想の自分が見えてきたら、フェロモンスマイルで現実化させるのです。

少しでも自分を変えられたら、もう自分を見失うことはありません。なぜなら、フェロモンスマイルトレーニングは、やればやるほど、「目の下のクマも取りたいし、ほおのたるみも取って小顔になりたい」とたくさんの欲が出てくるようにできているからです。

そうなると自分のお手入れをする時間、つまり自分の時間がどんどんふえてきます。日は24時間しかないのですから、嫌いな人のこと考えていた時間はぐっとへります。嫌いなことをぐるぐる考えているより、鏡を見ていたほうが、ずっと楽しいからです。こうなると、人生そのものが変わってきます。

悪口や不満をいう時間があったら、フェロモンスマイルで自分を変える努力をするほうがはるかに得策です。かわいらしく生まれ変わった自分を夢見て、毎日楽しく過ごしましょう。

悪口は不幸を招く

私は美容の世界を通して、数多くの人生を見てきました。それでわかったのは、人は自分で発した言葉のとおり、考えたとおりの人生を手に入れるということです。

それに、悪口をいってばかりいると、嫌われるだけでなく、自分もどんどん不幸になっていきます。これはとても恐ろしいことです。毎日、人の悪口ばかりいっていたらどうなるでしょう。悪口を聞かされたあなた自身は、そのとおりのことを実行しようとします。無意識に自己暗示にかかるのです。

「あの人、自己中心的でわがままよね」といい続けていたら、あなた自身が自己中心的でわがままな性格に変貌《へんぼう》していきます。子どもを「のろま！」と始終しかっていたら、あなた自身がのろまな人間へと堕落《だらく》していきます。何十回も文句をいうと、意識せずともあなた自身がそうなってしまうのです。

だから、マイナスのことはふだんからいわない、見ない、触れないようにしましょう。くり返し流されるいじめや自殺のニュースも、情報として一度知ったら、あとは見ない、聞かないようにします。また、ヒロインが不幸のドン底を生きるメロドラマもよくありません。私も専業主婦の時代はメロドラマが大好きで、波乱万丈《はらんばんじょう》の人生を空想したりしていました。そうしたら、自分自身がヒロインさながら離婚する憂《う》き目にあいました。「私はこんなこと望んでない！　いやよ！」と思ってもあとの祭りです。

だから、現実化して困るような、人の悪口は絶対にいわないこと。

そのためにも、フェロモンスマイルは役立ちます。感情は表情筋でコントロールできるので、「なんていやなやつ！」と思ったら、すぐに口角《こうかく》を上げて笑顔を作るのです。

形だけでも口角を上げていると、怒りや不満というマイナスの感情を表現することはできません。リラックスして気持ちが穏やかになり、それ以上感情がこじれることもありません。

さらに、笑顔で対応することで、相手も自然と気持ちが落ち着き、それ以上問題が悪化することもなくなります。悪口をいう人は嫌われますが、いやなことにも笑顔で応対できる人は、大人の女性として周囲から高く評価されます。

そもそも、フェロモンスマイルは笑うこと、ほめることで、自分にプラスの自己暗示をかける方法です。笑うのはもちろんのこと、ふだんから「幸せ」「うれしい」「豊か」「ありがとう」など、ハッピーな言葉、感謝の言葉を使うようにしましょう。これは、幸運体質になるための基本テクニックでもあります。

それに、フェロモンスマイルで自分を好きになれば、心も成長して他人に不満を持つことも少なくなり、逆に好きな人がふえてくるので、自然と「幸せ」「好き」「楽しい」と口にしているようになります。

「ほめぐせ」をつけましょう

人を正しくほめるということも、人間関係がうまくいくテクニックです。

自分の魅力がわかると、他人のよいところも見えてくるようになります。見えるようになった相手のよいところは、「きれいね」「素敵ね」「がんばってるのね」と、口に出してどんどんほめてあげましょう。

私は道を歩いていても、きれいな人が通ると「わあ、きれいな人！」といいながら見つめるし、赤ちゃんがいたら「あら、かわいい！」と寄っていきます。今まで一度だっていやがられたことはないし、みんなうれしそうに、笑顔で私と接してくれます。

以前の私はコミュニケーションが下手で、素直に人をほめるということがどうしてもできませんでした。それがフェロモンスマイルを始めて、自分をほめるようになってから、どんどん変わっていったのです。

トレーニングが終わったら、鏡に向かって「がんばったね」、朝一番に鏡を見たら、笑顔で「今日もかわいい！」と声に出していいます。たったこれだけの習慣で、きれいな人に「きれいですね」、努力している人に「がんばってるね」と、心からいえるようになりました。

人をほめたり、認めたりするには、まず自分をほめて、認めてあげることです。フェロモンスマイルは、自分と会話する手段でもあるので、声に出して「かわいい」と自分をほめてあげてください。照れくさいかもしれませんが、実際に口を動かしていってみましょう。「かわいい」を連発することで、「かわいい自分」の自己暗示をかける効果もあるので、これはとても重要なポイントです。

それに、自分が努力して変わったからこそ、他人の努力もわかるようになり、共感や思いやりの気持ちを持つことができるのです。ですから、ぜひフェロモンスマイルを続けてみてください。きれいになるころには、どんなつき合い下手の人も、おつき合いの上手な大人の女性に変身しているはずです。

「素敵な恋人がほしい」と願う人へ

理想の王子様は、今のあなたを選ぶと思いますか？

どんな男性が好みなの？　と聞くと、いくらでも話せるという女性がいます。

「背が高くてかっこよくなきゃいや。いい大学を出ていて、会社はもちろん一流企業。性格は優しくて男らしくて、頼りがいのある人がいいな。浮気なんて絶対しないし、お酒もギャンブルもやらないのが条件」

私はそれを全部聞いてから、鏡をスッと差し出して、あることを聞きます。

「これ、あなたの顔。そういう理想の男性は、あなたを好むでしょうかー？」

たいてい、「先生、ひどーい！」と怒られてしまいますが、でも、それでみんな気がついてくれます。理想の男性に見合うような女にならなければ、選んではもらえません。理想の男性が好むであろう女性を目指し、とにもかくにも自分磨きしかないのです。

自分の魅力を知り、自分のことを好きになる

ただ、フェロモンスマイルで顔が変わるように、物理的な外観というのは変わっていくものです。

かっこいい人がいいといっても、いずれ形は変化していきます。経済的な豊かさも同じで、今は高給取りでも、一生を保証するものではありません。ですから、外見やお金で相手を選ぶと、たいてい失敗します。それに、「身長は」「大学は」「収入は」と、理想像を掲げれば掲げるほど縁遠くなるので、要注意です。

では、なにが愛の決め手となるのでしょうか。

人間には、本質的に変わらないものもあります。それは、生まれ持ったその人の気質、波長というものです。それを好きになると、恋愛も結婚もうまくいくようです。

フェロモンスマイルは、心の成長を促すことで、この気質にも磨きをかけることができます。気質がよくなれば、それに見合ったレベルの男性が現れます。世の中を見ても、顔も心も美しい人には、素敵な男性がパートナーになっているものです。

若い人はとかく「自分磨き」が「うわっつら磨き」になって、ファッションやメイクの情

報ばかりに振り回されがちですが、そうではありません。すばらしい笑顔、すばらしいボディ、すばらしい人格であってこそ、素敵な男性と恋に落ちることができるのです。

また、「私はブスだからモテない」というのも大間違いです。ブスだからモテないのではなく、自分を嫌いだからモテないのです。

自分自身が嫌いな自分のことを、男の人に好きになってほしいと願うのは大きな矛盾です。自分の魅力を知らない人に、モテる可能性はありません。男性に愛されたければ、自分の魅力を知り、自分を好きになることが先決です。

ブスだと思うのなら、フェロモンスマイルで顔の造作を変えてしまいましょう。やり続けることで自分のチャームポイントがわかるようになり、それが自信を生み出します。また、「トレーニングを継続できた」「やり遂げた」という達成感も自分への自信につながります。

顔のほんとうの美しさを作るのは、実はこの自信なのです。うわっつらだけを整えても、この自信は生まれません。そのため、生まれつき顔立ちのきれいな人というのは、自分を磨いて自信を持つ機会に恵まれず、意外に男運が悪かったりします。

もし外見にコンプレックスがあるのなら、それは自分磨きのチャンスです。フェロモンスマイルで自信を獲得すれば、必ず素敵な男性に愛されるようになるでしょう。

新しい自分に見合った人脈が寄ってくる

ある講演会で、いきなり号泣を始めた女性がいました。なにがあったのか、「先生、私生まれ変わります」としゃくりあげていました。

聞くと、夫婦の問題で悩み、笑顔をすっかり忘れてしまって、わらにもすがる気持ちで私の講演会に来たとのこと。彼女は、遊び人の夫にすっかり振り回されて、自分の人生を生きていませんでした。一途《いちず》な妻だったため、「やっぱり許そう」と夫の浮気に耐えていたのです。しかし、フェロモンスマイルの話を聞いて「こんなみにくい自分はいや、きれいになりたい」と決心。夫のことはひとまず横に置いておいて、自分のための時間をどんどんふやしていきました。

きれいになるのは楽しいし、楽しいと世界が広がります。この女性はフェロモンスマイルとフェロモンダイエットにすっかり夢中になり、ついには講師にまでなってしまいました。そのころには波長の合わなかった夫と離婚し、ますます若返ってきれいに変身。講演会から3年後の今年、新しい伴侶《はんりょ》を得て、ようやく幸せな結婚生活を手に入れたのです。ちなみに、新しいパートナーは年上の優しい紳士で、妻のことをとてもかわいがってくれる人。彼女は思う存分甘えることができるため、ますますかわいい女に進化中です。

このような例は、枚挙《まいきょ》にいとまがありません。なぜか、「フェロモンスマイルで嫌いな男性と自然と縁が切れた」という人は多いのです。素敵な男性をひきつけるだけでなく、いやな縁を淘汰《とうた》する。これはなぜでしょう?

それは、顔と体が変われば、本来の気質に変わって、より自然に生きられるからだと思います。

別れたい、離婚したい、大嫌い! と思っているうちは、逆にうまくいきません。お互いに憎しみ合っているということは、自分と相手の気質がいっしょなので、縁は切れません。何年も大もめにもめて、まだ離婚できないというパターンに陥《おちい》ります。

ところが、自分を愛し、「私は自分の道を行こう」と新しい人生設計を歩み出すと、あっけないほど簡単に縁が切れてしまいます。必要のない人脈は自然淘汰されていくからでしょう。また、自分と相手のバランスが取れないと、よくも悪くもその相手と続くことはできないものです。自分が変わると、周囲の人間も変わるし、それに見合った新しい人脈も寄ってくる。これは、男女関係だけでなく、人間関係すべてにいえることです。

自分の魅力を知ると素敵な恋が訪れる

#「職場がいや。仕事が向いていない」と嘆く人へ

「きれいな私」を職場へ持っていく

仕事はつまらないし、同僚も上司も気が合わない。生活のためだけに働いているという人は、職場にいる間中、試しにフェロモンスマイルで過ごしてみてください。コピーを頼まれたら、「ハイ、わかりました」とニッコリ。出来上がったコピーを渡すときも「どうぞ、できました」とニッコリ。1週間でいじわるな上司は優しくなり、同僚はおいしいランチのお店に誘ってくれるようになるでしょう。

まずは、その職場を選んだのはだれのせいでもない、自分の責任なんだということを認めましょう。

一日8時間も不平不満のある職場に拘束《こうそく》されていては、いくらアフター5《ファイブ》に美容法を実践しても、きれいにはなれません。今この瞬間も、あなたの人生は確実に過ぎているんですか

ら、「自分で選んだことなんだ」と一度すべてを受け入れて、鏡に向かってニッコリ笑ってみてください。そして昨日よりもっときれいになった自分で、「おはようございます！」と会社に行きましょう。

普通だったら、職場のいやなことをアフター5まで引きずるところを、逆に「きれいな私」を職場に持っていくようにするのです。それだけであなたの印象が変わり、周囲の評価は格段にアップします。

仕事ができる自分を強くイメージする

また、おもしろいことに、笑顔はあなたの仕事の能力もアップさせます。

「笑うと仕事ができるようになるの？」

とびっくりされるかもしれませんが、実はそのとおりです。ニコニコしながら楽しんでやると、仕事の効率が飛躍的に上がります。

その証拠に、いやいややっていると、仕事は遅々として進みません。仕事を与えられてもうまくこなせないし、イライラするからミスもします。そのミスを訂正するのにまた余計な時間がかかって、さらにイライラしてしまう……。それは、自分の頭の中でいろいろなことが整理ができていないからです。

仕事のできる女になりたかったら、フェロモンスマイルで鍛えたイメージ力をフル活用しましょう。

毎日、朝のうちに「今日一日はこんな仕事をして、すべてうまくいく」とイメージしてみてください。

これは「予測の自己成就《じこじょうじゅ》」といって、自分で予測したことを成就させようと、脳がフル回転します。だから、今日はどこそこに行って、だれだれに会って、ビジネスはすべてうまくいくという成功のイメージを最初にしておくことが大事。つまり、仕事のできる人というのは、頭の中ですでにすべての予定が立っている人ということです。

イメージングができるようになると、仕事の能率がアップし、社員としての評価も上がります。「この子は仕事ができるし気が利《き》くし、しかもかわいい！」とみんなに大事にされるというわけです。

それがいやいややっていると、「早く仕事終わらないかな」「定時まであと3時間か」など、とにかく時間が過ぎることだけを考えます。仕事の結果なんて求めていませんから、イメージもないし、いきあたりばったりで計画性がなく、いつも失敗ばかりということになってしまいます。仕事量が少ないのにミスを連発し、他人に尻《しり》ぬぐいをさせていても気がつかない。それで不平不満をいっていたら、周囲の人と衝突するのも仕方ありませんよね。

そして、計画性のない人には、突発的な仕事や緊急事態がたくさん入ってきて、余計に混乱するように物事が運びます。急な書類を頼まれたり、会議の日程が変わったり、打ち合わせの連絡がいってなかったり。突発的なトラブルに振り回され、今日中にやらなければいけないことを忘れて、結局徹夜ということを年中やっています。イメージングで動いている人は、突発的な仕事が入ってきても、上手にやりくりしてあわてません。仕事の優先順位を正しく判断し、今しなければいけないことからスムーズに消化していきます。

そもそも、計画性のある人間は、トラブルを寄せ付けない「運」をすでに備えています。そしてトラブルの迷惑エネルギーは、いきあたりばったりの人に引き寄せられるという性質を持っているのです。

無駄な経験というものはない

私は、夢を叶《かな》えるための手段が仕事であり、天職だと思っています。

鏡に向かいながら、私はいつも「私のやりたいことってなに?」と問いかけてきました。そして、「美しくなること」「老いずに生涯元気でいること」を選ぼうと思ったとき、今の仕事への道が開けてきました。好きな仕事をすること、天職を生きること。これは、笑顔で生きていくためにとても重要なことです。どんな仕事に一生を捧げるか、つまり自分はどう生きていきたいか。自分の人生を決めないと、ほんとうにいい顔、いい笑顔というのは出てこないからです。

ところが、やりたいことが見つからず、会社や職場の人間関係、仕事の内容に不満を持ち、「私がしたい仕事はこんな仕事じゃない」「この仕事では自分の能力を発揮できない」などといって、転職をくり返す人がいます。

しかし、そういう人が好きな仕事につける可能性はとても低いと思います。何事も人のせいにばかりしていては、そこから好転することはないからです。

年を重ねるとわかることですが、無駄な経験というものはなにひとつありません。ところが、無駄にする考えを持っている人は、どんな経験も無駄にして、永久に生かすことができないものです。

私は結婚前に、銀行員という職業を経験しました。そのときの仕事が役に立たなかったかというと、そんなことはまったくありませんでした。特に今は会社を経営する人間として、金融や株式の世界にいたことはとても役に立っています。美容家という天職に行き着くまでに、必要なプロセスだったのだと心の底から思います。

仕事を通して経験を積み、たくさんの出会いがあってこそ、ほんとうにやりたいことが見えてくるものです。すでに夢ややりたい仕事があるのなら、なおさら今やっていることはプラスになります。

だから、どんな仕事であれ、昨日より今日が上手になっていなくてはならないのです。それを、ただ時間を浪費しているという考えで働いていては毎日がつまらないし、ほんとうにやりたいことにはいつまでたってもたどりつけません。

「自分で選んだ仕事なんだから」とニッコリ笑ってがんばりましょう。その気持ちが出発点です。そして天職を得たとき、必ず「あの経験はこのための布石《ふせき》だったんだ」とわかる瞬間がくるはずです。

「家族との関係がうまくいかない」と悩む人へ

「ありがとう」を忘れていませんか？

朝は、「おはよう」から始まり、なにかしてもらったら「ありがとう」。「ただいま」「おかえり」「いただきます」「ごちそうさま」……。そういう会話が、毎日どれだけ行えているでしょうか。

うまくいっている家庭では、お互いを認め合う会話があります。その基本が、あいさつと「ありがとう」です。

あいさつは、無意識のうちに家庭で行われていることです。ニッコリ笑って「おはよう」がある家庭の子どもは、外でも元気よく「おはようございます！」とあいさつできます。「人に会ったらあいさつしなさい！」と怖い顔でしつけても、いわれていやいやしていることは、身につきません。親の見ているところではやっても、ほかではしなかったりします。

でも、家族の会話の中にある言葉は自然に身につくので、子どもはきちんとできるようになります。

そして、「ありがとう」はとても大切な言葉です。やってもらって当然と思うことは、世の中にはありません。子どもになにか手伝いをさせたら、親は必ず「ありがとう」というべきです。一生懸命「ありがとう」をいえば、子どもは一生懸命お手伝いをしてくれます。これは人間の本能といってよいでしょう。大人だって、ありがたがられないことはやりません。子どもならなおさらです。

そして、あいさつも「ありがとう」も、まず親が先に口にします。親は、子どもにとってみれば人生の大先輩、経験者です。親の言葉をまねをして育つので、あいさつも「ありがとう」も、率先して親がいうべきです。

一番よいのは、子どもが小さいときから、どんどん口にして家庭で習慣化させることです。これで子どもはもちろん、親自身も成長できます。それに、家族に限らず、あいさつは先にいったほうが気持ちいいものです。勝ち負けでいったら、先にいったほうが勝ちというくらい、得があります。それができないという人は、まずは家族相手に練習しましょう。次第に外でもできるようになります。

口に出さないと感謝の心は伝わらない

気持ちを表現する言葉を、どれくらい省かずに使っているかというのも重要です。「心の中では感謝しているよ」という人も多いですが、表現しなかったら相手には伝わりません。「親子だからわかってくれているはず」ということはまずないと思ってください。大切だと思っていたら、大切だと言葉で伝えてあげましょう。

「血のつながった親子で水くさい」ということもありません。むしろ、いちばん身近でいちばん大切な人だからこそ、プラスの感情は伝えてあげなくてはいけないのです。子どもを評価し、正しくほめてあげることで、子どもは大きな安心感を得ることができます。

ところが、日本人はほめるのが下手で、特に家族に対して乱暴な物言いをする人が少なくありません。

ほんとうはいい子だとわかっているのに、つい「おまえはだめな子だ！」と逆のことをいってしまいます。すると子どもは素直ですから、言葉のまま「自分はだめな子だ」と受け取ります。自分に自信が持てなくなり、ほんとうにだめになってしまっては、取り返しがつきません。ほめるのは照れくさいものですが、フェロモンスマイルで「ほめぐせ」（90ページ）

をつければ、スムーズに「いい子だね」「がんばったね」といえるようになります。

また、子どもの都合に配慮するのも、親子関係がうまくいくコツです。私は昔、子どもの後ろ姿に向かって話しかけてばかりいました。テレビを見ている子どもに、「宿題は終わったの？　手が空いているなら洗濯物くらいたたんでちょうだい！」。これでは絶対にいうことなんか聞きませんし、子どもの心は育ちません。

そこで、テレビを見ているとわかっていても、「今なにしてるの？」と聞くようにしました。「テレビ見てる」と答えたら、「何時に終わるの？」。「８時かなあ」と、ここらへんで子どもは振り向きます。「じゃあ、終わったら、洗濯物をたたんどいてくれる？」。これでうちの子どもたちは、きちんとやってくれるようになりました。もちろん、たたんでくれたあとは、「ありがとう、助かったわ」とお礼をいいます。

ものを頼むのですから、「お願いがあるんだけど、いいかな？」と都合を聞くのは当たり前です。そういう配慮のない家庭では、親は「親のいうことを聞かない、悪い子だ」と思い、子どもは「頭ごなしにいわれて、不愉快だ」と感じて、殺伐《さつばつ》としてきます。

愛し合う関係の人にいちばん大事なのは、顔、表情、言葉です。きれいなお母さんがニッコリ笑って、「ママはあなたが大好きよ」と常にいっていたら、家庭は円満です。それが欠けたら、家庭は壊れてしまいます。

育児中こそフェロモンスマイル

「育児で忙しいから自分のことはかまっていられない」という人も多いでしょう。確かに、育児は毎日が戦争です。でも、子どものために自分の美しさを犠牲にしているなら、それは大きな間違いです。子どもが大切なら、余計に笑顔と美しさが必要です。なぜなら、子どもはあなたを見て育つからです。あなたは将来の子どもの姿を映す鏡といってよいでしょう。

また、お子さんが小さい場合は、言葉のコミュニケーションが取れないぶん、笑顔でのコミュニケーションは最高に上手ですよね。このころから、笑顔は得だということを教えてあげるのも親の役目です。うまく笑えない大人になると、とても損をします。自然な笑顔をするというのは急にはできないし、大人の世界では、笑うタイミングというのは非常に難しいもの。子どものうちに笑顔を学習し、その価値を親が伝えておけば、一生困りません。

いつも笑顔で人と接していたら、どんな人でもチャンスをつかめるようになります。笑顔のかわいい女性や笑顔の素敵な男性になって、周囲に大切にされ、幸せな人生を歩むことができたら、すばらしいと思いませんか。そのためにはお母さんお父さんがどんどんほほえみかけ、また子どもが笑ったら「いい子だね」「かわいいね」とほめてあげてください。

お母さんの笑顔は家族みんなを幸せにする

「どうしても嫌いな人がいる」とふさぐ人へ

自分と同じ欠点を持っている人を嫌いになる

「子どもの同じクラスのお母さん、性格がきつくて苦手だわ」「あの人、ちょっといい大学出ているからって、鼻にかけて感じ悪い」。ふだんの生活の中で、どうしてもいやな人というのは出てきますよね。

実は、嫌いな人というのは、あなたと同じ欠点を持っている人です。自分の中の欠点を、誇張して表現しているといってよいでしょう。性格がきつい人が嫌いなら、あなたの中にも他人を許さない一面があるはずです。学歴自慢にムッとするなら、あなた自身が学歴にこだわっている人間ということです。

なぜなら、自分の中にないものは気づきませんし、自分の欠点を見せられたから、瞬間に「いやだ」と感じるのです。近親憎悪《きんしんぞうお》という感情で、嫌いな人が多ければ多いほど、自分自身も欠点だらけということになります。

よく、悪口ばかりいっている人で、第三者から見ると「あなたもたいして変わらないんだけど」という人がいます。「嫌い」という感情の中にいると、客観的に自分を見ることができないので、本人はその矛盾にまったく気がつきません。嫌いな人に悪口をいったとしても、それは鏡に映った自分に文句をいっているようなもので、いえばいうほど自分が苦しくなるばかりです。

しかも不思議なことに、人間は同じタイプの欠点を持つ人間を呼び寄せ、出会うようになっています。

私の教室の講師と生徒さんの関係を見ていると、とてもよくわかります。講師になったばかりのころは、まだ人間が成長途中ですから、教室の運営などについて、私にふとぐちを漏《も》らしたりすることもあります。「先生、新しく入った生徒さんがすごく弱気な人で、どんなに励ましても、すぐ『自信がないからできません』『私には無理です』ばっかりなんです」。

私もほかの講師も、大笑いです。「私たちが最初に会ったときのあなたとそっくりよ！」というと、「え！　私ってそうだったんですか？」と本人はびっくり。おもしろいことに、似たタイプの人を呼び寄せるのですね。

自分の欠点に気づく最高のチャンス!

これはたぶん、「人の振り見て我が振り直せ」で、自分の欠点に気づいて成長するチャンスを与えられているのだと思います。そう考えると、その人との出会いに感謝したくなりませんか。

それに、弱気という欠点も、成長すれば控えめで思慮深いという長所に変わります。同じ長所を持った人間とは理解し合うことができるので、「苦手な人」から「信頼できる仲間」に発展します。

嫌いな人をどうにかしたいなら、自分が成長するしか、解決の道はありません。成長とは、嫌いな自分を、好きな自分に変えることです。フェロモンスマイルで生まれ変われば、あなたを悩ます人間関係も、必ずうまくいくようになります。

第5章

フェロモンスマイルで幸せになった、若返った！ 8人のミラクルストーリー

夫の死と自分の病気で疲れ切った心身が回復し心からの笑顔が戻って肌も生活も張りが出た

松本直実さん　41歳

夫の死から立ち直れずにいた

2002年に、私は夫をガンで亡くしました。その後、福岡に引越し、新たに第二の人生を歩もうと決意したものの、心は夫の死から立ち直れずにいました。

さらに追い討ちをかけるように、自らに卵巣嚢腫《らんそうのうしゅ》（液状のものがたまっている腫瘍《しゅよう》が卵巣にできる病気）が見つかり、手術することになりました。薬で体調も壊し、心も体も病んだ状態で日々を過ごしていました。

そんなとき、少しでも健康になりたいと思って参加したのが吉丸美枝子《よしまるみえこ》先生のボディの講座でした。ストレッチが中心のレッスンで、私は9 kg近くの減量に成功し、体調も劇的によくなったのです。

吉丸先生の講座には、「フェロモンスマイル」という表情筋《ひょうじょうきん》のトレーニングのレッスンもあると聞き、そちらもいっしょに受けることにしました。疲れた心を回復させ、笑えるようになりたかったからです。

私にとってありがたかったのは、フェロモンスマイルのトレーニングが、心のトレーニングも兼ねていたことです。

フェロモンスマイルの講座では、「トレーニングで鏡を見る時間は、自分と向き合う時間。自分を好きにならなくては、すてきな笑顔は作れない」と、メンタル面の指導もあります。

そのころの私は、夫を助けられなかった自分を責めていました。新しい土地でできた友人たちにも、自分のことを話すことができませんでした。思えば、さぞかし暗い印象を与えていたことでしょう。

ところが、フェロモンスマイルのトレーニングを始めて3カ月もしないうちに、顔はもちろんのこと、気持ちや環境までもが大きく変わってきたのです。

フェロモンスマイルのトレーニングを実践するようになってからというもの、周囲から優しくされたり、助けられたりすることが多くなりました。また、「きれいになったね」「元気になったね」と声をかけられることも多くなり、そのたびに、心からうれしくなりました。

フェロモンスマイルのトレーニングでフェイスラインが引き締まっていくのと同時に、自分の気持ちも前向きになっていくのを感じました。そしてなにより、癒《いや》された心がそのまま顔に出たような、よい笑顔になったと自分でも思います。

フェロモンスマイルのおかげで、大幅な減量に成功したあとでも、たるむことなく小顔になれました。また、顔の皮膚に張りやツヤが出たことを実感しています。私のお気に入りは、額《ひたい》の横ジワを解消する運動（60ページ）と、ほおのたるみを解消する運動（64ページ）です。頭皮のゆるみは顔のたるみにつながるので、額の横ジワ予防の運動は特に念入りに行っています。

「鏡をたくさん見たほうが、自分を愛せるようになる」。吉丸先生にそう教わりました。まさしくそのとおりだと思います。今でも、ことあるごとに鏡を見ては、笑顔をチェックしています。

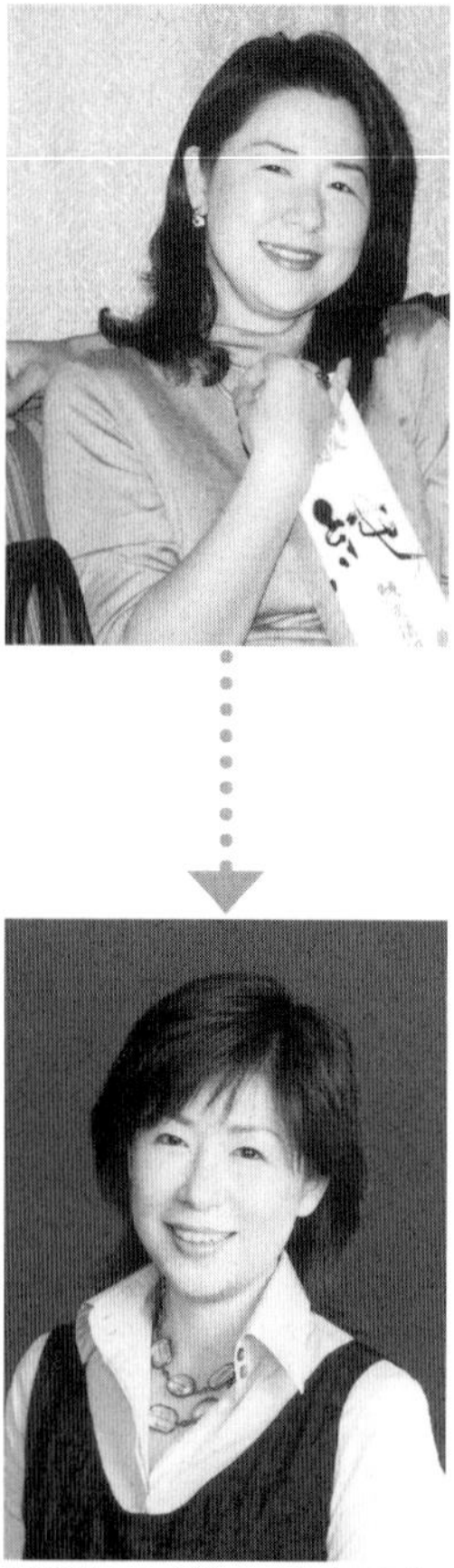
笑顔筋トレを始める前（写真上。2001年撮影）と、現在の松本さん（写真下）。ダイエット後も肌の張りやツヤは失われず、自然な笑顔ができるようになった。

離婚と失業で失われていた笑顔が戻り魅力が増して男性から声をかけられるようになった!

高橋由香さん　37歳

なにもかもをいきなり失った

私は2004年夏、離婚と失業をいっぺんに体験しました。14年間結婚生活を送った夫とは生き方が合わず、お互いが納得したうえで、離婚を選択。離婚しても、私には「整体師として一人前になる」という夢があったので、がんばっていけると思っていました。ところが、長年、師事してきた先生と衝突して、職場を辞めざるをえなくなったのです。

戻る家庭もなければ、生きがいだった仕事もない。いきなりなにもかも失い、私は絶望的な暗闇の中に放り込まれました。たとえようのない喪失感にさいなまされて、毎日「なんで生きているんだろう」と苦悶《くもん》していました。

立ち直るきっかけは、友人が見せてくれた吉丸美枝子《よしまるみえこ》先生の本でした。本の中には、年を重ねるごとに若々しく、美しく、輝きを増してくる吉丸先生の写真がたくさん載っていました。私はその笑顔に強烈に惹《ひ》かれ、さっそくその日からトレーニングを実行したのです。「私もこんなふうに笑いたい」と思い、私は本に載っているパターンすべてを実行しました。すると3日後に、無理をしなくても、口角《こうかく》を上げて笑えるようになりました。その当時はすっかり笑い方を忘れていたので、笑顔になれた自分がとてもうれしかったです。

さらに3週間ほど続けると、周囲から「かわいくなったね」「彼氏できたんでしょう」など、口々にほめられるようになりました。そのときは病院で介護の仕事を始めていたのですが、フェロモンスマイルを実行する前の私は、とにかく暗かったのだと思います。それが急にニコニコと明るく元気になったので、患者さんもびっくりしたようです。

驚いたのは、職場の男性も同様でした。職場の宴会が開かれたとき、ある男性職員から「今まで、ほんとうにこの職場にいましたか?」と声をかけられたのです。もう2年も働いていて、何度も顔を合わせているはずなのに、その人は私がだれかわからなかったのです。また、ほかの男性からも「高橋さんて、セクシーですね」と話しかけられることがあったりと、以前の私では考えられない事態が起こりました。

私は外見にずっとコンプレックスがあり、子ども時代は男の子から「ブス」「ブタ」といじめられたこともあります。それが37歳になって、男性からほめられるなんて信じられませんでした。初めて自分の顔が好きと思えるようになり、気がつけば離婚と失業で受けた心の傷が、今ではすっかり回復してしまいました。

私の理想の女性は世界のスーパースター、マドンナ。毎日マドンナのプロモーションビデオを見たり、インターネットのファンサイトを見ては最新情報を仕入れたりしています。マドンナの外見だけでなく、その目標に向かって努力する生き方も、私の理想です。

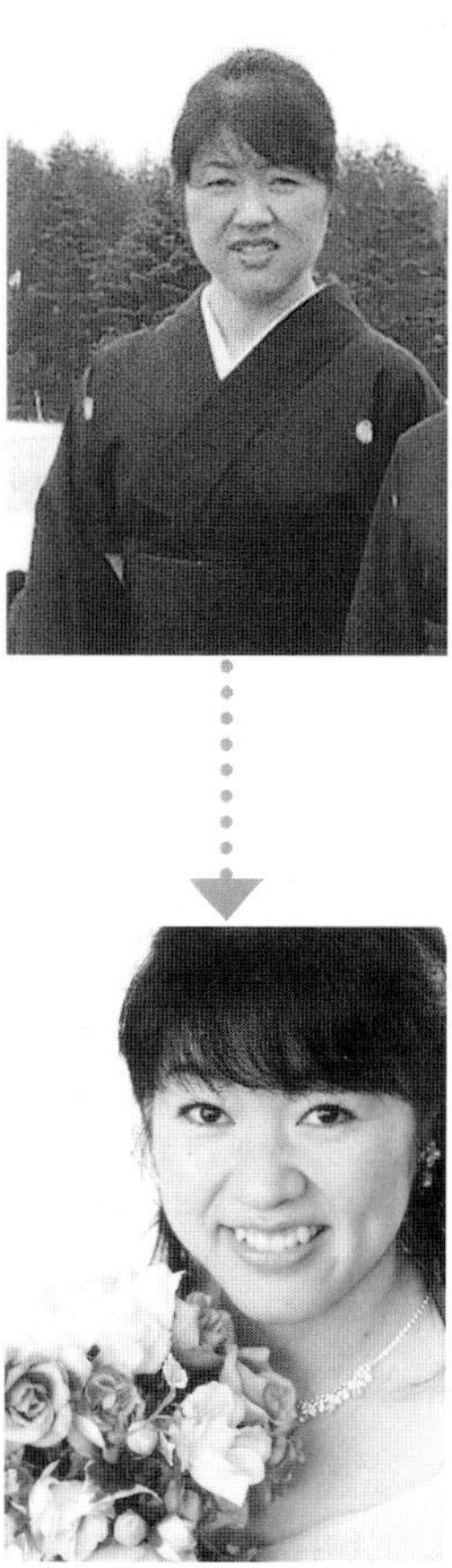

フェロモンスマイルトレーニングを始める前（写真上）と、現在（写真下）の高橋さん。目がパッチリと大きくなり、コンプレックスだった自分の顔が好きと思えるようになった。

男性からほめられるようになった！

ほおの肉が取れて目がパッチリし周囲が驚くほど顔が激変！心も穏やかになって生まれ変わりを体験

小堤千恵さん　33歳

心のチャンネルが切り替わった

幼いころから太っていて、外見にコンプレックスを持っていた私は、30歳のときに「きれいになりたい！」と一大決心をして、フェロモンダイエットとフェロモンスマイルの講座を受講しました。「足がきれい」「目鼻立ちがいいから、モデルみたいになれるよ」と、講座の先生方がなにげなくいってくれた言葉が、私の心のチャンネルをよい方向へ切り替えてくれました。

結果、わずか４カ月で私は「生まれ変わり」を体験することになったのです。

顔に関していえば、最初は筋肉が硬くて思ったとおりに動きません。眉《まゆ》も全然上がらず、表情筋《ひょうじょうきん》を使っていなかったことが身にしみてわかりました。美に関しては「どうせ私なんか」

という気持ちが先に立って、ろくに鏡も見ない生活でしたから、それもそのはずです。

それでも続けるうちに、少しずつ顔の動きがよくなってきました。私がイメージしたのは、浜崎《はまざき》あゆみさん。パッチリした目と、通った鼻すじは憧《あこが》れです。また、口もとだけはミッキーマウスをイメージしました。明るくて優しさがにじみ出ている、人に愛される笑顔になりたかったからです。加えて、「私はきれい」といいながら、イメージングを加えてトレーニングを続けると、どんどん変化が現れてきました。

私の場合、「整形したの？」と聞かれるほど変身のスピードが速かったようで、周囲の驚きも半端ではありませんでした。その驚き方に、私が驚いてしまったほどです。

でも、無理もないことかもしれません。半分目をおおい隠していた上まぶたが上がり、目が大きく見えるようになりました。口もとも格段に笑いやすくなって、口角《こうかく》が軽く上がります。これは、筋肉が鍛えられただけでなく、顔の脂肪が燃焼して、スッキリと引き締まった小顔になったからだと思います。きれいになるのが楽しいし、メイクやファッションも自由に楽しめるようになっていきました。以前はアイラインも引かず、色のない地味メイク。「どうせ私なんか、手をかけても無駄だろう」と思っていたのです。

こうして、顔も体も変わりましたが、なにより大きかったのは心の変化です。あるとき、自分の笑顔を鏡で見ていると、全身がピンク色に包まれているような気持ちになりました。

心の底から「ありがとう」の気持ちがわき出してきて、初めて自分を愛しいと思えたのです。周りの人や、「きれいになりたい！」と思っていた過去の自分、さまざまなことに感謝しました。幸せは自分の心の中にあったんだと気づいた瞬間です。心に抱えていた荷物が軽くなり、自分自身の人生に期待を持てるようになりました。

最近、「ニコッとすると華やかさが増して、憧れます」といっていただきました。人に愛される笑顔のイメージに近づいてきていると実感できて、とてもうれしいです。周囲の人や家族にも、笑顔で接することができ、気持ちもとても穏やかになって、ようやくほんとうの自分に出会えた気がします。フェロモンスマイルが、私の人生を好転させてくれました。ほんとうに、感謝しています。

フェロモンスマイルトレーニングを始める前（写真上）と、現在（写真下）の小堤さん。たった４カ月で「整形したの？」と聞かれるほど顔が変わり、心もとても軽くなった。

二重あご、たるみ、クマがきれいになくなりほんわか笑顔で家庭や職場の雰囲気も一変

丸山陽子さん　44歳

2週間で顔のたるみが一掃

私は以前、病院に勤めていて、患者さんへの対応を向上させることを目的とした「接遇改善委員会」の委員をやっていました。言葉づかいの指導やあいさつの奨励のほか、笑顔で患者さんに接しようという運動もあり、委員たちの笑顔を撮影して、キャンペーンポスターを作ることになりました。

ニッコリ笑って撮影に臨んだはずが、出来上がった写真を見ると、想像とはかけ離れたこわばった顔の私がいました。老け顔で生気がなく、「私、こんな顔で笑ってたの？」とがく然。40代という年齢を痛感し、「エステにでも通おうかしら」と考えるようになったのです。

そんなとき、カルチャースクールの広告で、フェロモンスマイルの講座を見つけました。内容を見ると、笑顔になれる美容法とのこと。そこで、早速受講してみることにしました。

そうしてフェロモンスマイルを実行すると、２週間ほどで顔の厚みが目に見えて薄くなりました。私は二重あごで首が短く、ほおから首までのラインが一直線のような顔をしていました。そのお肉がスッキリとれて、老け顔を作っていたたるみが一掃されたのです。

また、肌質も変わりました。以前は皮膚が硬くて、化粧水を塗っても肌の上に残る感じでした。それが、表面は柔らかでもちもちなのに、内側は弾力があってぷるんとした感触に。化粧水がスッと中に入り込んでいくのがわかるほどで、思い切って厚塗りしていたファンデーションをやめてみました。下地を塗ってから軽く粉をはたくだけにしたのですが、これが大成功で、かえって若く見られるようになったのです。また、「クマ子」と呼ばれるほど目の下が青黒かったのですが、それもきれいになくなりました。

また、フェロモンスマイルは５つ数えながら行います。そのリズムが、仕事や生活のリズムもよくしてくれたようです。スイスイと仕事がこなせるようになり、気づけば、多かった残業がほとんどなくなっていたのです。

周囲からは、「外見もきれいになったけど、雰囲気《ふんいき》も変わった」といわれます。ほんわかして見えるようです。確かに、以前は疲れると無口になっていたし、周囲に不満を感じることもありました。それが顔つきに現れていたのでしょう。

フェロモンスマイルは、外見を磨くことで内面を育てる美容法です。きれいになって、ほんわかした笑顔の人になれるのですから、こんなに幸せなことはありません。しかも、私が変わったことで、職場や家庭の雰囲気も変わりました。みんな優しくなって、お互いを思いやったり、助け合ったりするようになりました。

フェロモンスマイルは一度マスターすれば、一生の美容法になります。これからもどんどんきれいになって、自分自身が成長していけると確信しています。5年後の自分、60歳、70歳の自分がどうなっているのか、今からとても楽しみです。

フェロモンスマイルトレーニングを始める前（写真上）と、現在（写真下）の丸山さん。顔のたるみがなくなり、ほんわかとした素敵な笑顔ができるようになった。

みんなが優しくなって、思いやりの心をもつようになった

笑顔に自信がもてるようになり
とっつきにくい印象が一掃！
シミが消えて小顔になり健康まで手に入った

渡辺ひで子さん　49歳

始めてすぐに笑顔のパワーを実感

私は30代に入ってから急激に腰が悪くなりました。激痛のためかつま先までマヒし、靴を履《は》くときも足を手で押し込むような状態になってしまったのです。出かけるといえば病院、整体院、接骨院で、症状は悪化の一途《いっと》をたどるばかり。そんな状態が快方に向かったのは、39歳のときに出合ったフェロモンダイエットのおかげでした。

フェロモンダイエットは、イメージングとストレッチを融合させた体操がメインになります。それまでもいろいろな体操やマッサージを試しましたが、フェロモンダイエットの効果はまさにけた違いでした。腰痛が治っただけでなく、闘病で崩れきった体形が女性らしいボディに変わったのです。

その後、吉丸美枝子《よしまるみえこ》先生から「表情筋《ひょうじょうきん》のトレーニングも始まったから、やってみない？」と声をかけていただきました。でも、私はとにかく体のことが優先で、顔まで余裕がもてず、延ばし延ばしになってしまっていました。

それから3年後。私がフェロモンダイエットを始めたころに知り合った人と、久しぶりに会う機会がありました。彼女はすでに顔の講座の講師を務めていたのですが、彼女をひと目見て、「しまった！ 私もやっておくんだった」と大後悔しました。それくらい、その人はキュッと引き締まった美しい顔に変わっていたのです。

あわてて私もフェロモンスマイルのトレーニングを始めたのですが、すぐにある変化が起こりました。なんとなく、ひんぱんに声をかけられるようになったのです。

あいさつされたり、ものを聞かれたり、隣りの人に話しかけられたり。これは今までにはなかったことです。たわいもないことのようですが、私の表情から起こった変化だと気づき、「これが笑顔のパワーなんだ！」と納得しました。

というのも、私は若いころから自分の笑った顔が嫌いで、口を大きく開けて笑うということがどうしてもできませんでした。なるべく笑わずに、すました顔を維持しようとしてきたのです。

きっと、周囲の人にはとっつきにくいと思われ、第一印象が悪かったに違いありません。

それが、笑顔に自信を持てるようになったら、自然と人が寄ってくるようになったのです。

大量のシミまでもが薄くなった

顔も変わりました。いちばん変わったのが輪郭で、年とともにえらが出てきて四角い顔になっていたのが、若いころのシャープな輪郭に戻りました。

それから、シミまで薄くなりました。私は腰痛を発症するまではテニスをしていたのですが、ほとんど日焼け対策をしていませんでした。

そのせいか、40歳になったとたんに、大量のシミが出現。シミのない部分を探すのが大変なほどの状態でした。それが、フェロモンスマイルを始めて4年たった現在では、ほとんど消えてしまいました。

また、フェロモンダイエットのストレッチにフェロモンスマイルの考え方をプラスしたことで、相乗効果でさらに体が丈夫になりました。当時は腰痛のことだけで頭がいっぱいでしたが、フェロモンスマイルで元気な美しい自分をイメージすると、病気のほうが逃げ出していくようです。

まともに歩くことすらできず、家にいるときは横になって過ごしてばかりいた昔の私を知っている人は、今の私が信じられないといいます。それが、今では「若いですね」「きれいですね」とほめられ、短い睡眠で精力的に仕事をこなしています。まさに、人生が変わったのです。

フェロモンダイエットとフェロモンスマイルがなかったら、私の人生はどうなっていたのだろうと思います。

フェロモンスマイルトレーニングを始める前（写真上）と、現在（写真下）の渡辺さん。顔の形が非常にシャープになり、嫌いだった笑顔にも自信がもてるようになった。

出産と病気で別人のように老け込んだ顔がフェロモンスマイルトレーニングで若返った

●中谷紀子さん　42歳

環境の変化に体も心もついていけなかった

私は36歳で初めての出産を経験したのですが、産後、帯状疱疹《たいじょうほうしん》（ウイルスによって起こるヘルペスの一種）や副鼻腔炎《ふくびくうえん》などの病気をくり返すようになりました。初めての育児に、病気。私は見る影もないくらい、一気に老け込んでしまいました。目じりや口角《こうかく》が下がり、顔全体が長くなって、当時は鏡を見るのもいやなほどでした。

独身時代の私は、フリーのアナウンサーとしてテレビやイベントに登場し、華やかに働いていました。エステやジムに通い、優雅な生活をしていたと思います。それが結婚とともに仕事を辞め、夫の転勤で知らない土地に引越し、そして出産、病気。環境の変化に体も心もついていけなかったのでしょう。おしゃれをしてテレビに出ていたのが、まるでうそのような変わりようでした。

「このままではおかしくなる！」と思い、体が回復するのを待って、マナーや立ち居振る舞いを教えてくれるフィニッシングスクールに入学。とても勉強になりましたが、若いころとは別人のように間延びしてしまった顔や外見は、戻すことはできませんでした。

そんなとき、カルチャースクールの一日体験で、吉丸《よしまる》美枝子《みえこ》先生の「表情筋《ひょうじょうきん》トレーニング」の講座があることを知りました。以前、テレビで吉丸先生を拝見したことがあったのですが、そのときに「この人に会わなければ！」と、運命的ななにかを感じたことを思い出しました。そこで、受講してみることにしたのです。

美しくなることに人一倍興味のあった私は、美容のカリスマと呼ばれる人に何人も会ったことがあります。吉丸先生は、ほかの美容家のみなさんと決定的に違うところがありました。それは、セクシーで生命力にあふれているということです。まさにフェロモンです。「私に足りないのはこのセクシーさと生命力だ！」と直感し、体験講座が終わったあと、吉丸先生に「もっと教えてください！」と直談判してしまったほどです。

フィニッシングスクールでは内面から外見を輝かせますが、フェロモンスマイルでは外見を磨くことで内面を成長させます。私は23歳のときのはつらつとした自分の顔をイメージし、毎日トレーニングを続けました。

それから3年がたち、私は42歳になりました。今は顔も体も若返り、健康そのものです。

子どもは幼稚園に通うようになりましたが、高齢出産した私はほかのママたちより年上です。そのため、私が40代だと知るとみんなびっくり。「若さの秘訣《ひけつ》を教えて！」といってくれる20代のママもいます。なにより、娘に「きれいなママが好き」といわれることが幸せです。

20代ころのようなピカピカの肌というわけにはいきませんが、それでも今の顔のほうが好きです。この間は、小学生の男の子に、「かわいいね」といわれてしまいました。夫も10歳年下ですが、年下の男性に「かわいい」といわれると、うれしいものですね（笑）。

フェロモンスマイルトレーニングを始める前（写真上）と、現在（写真下）の中谷さん。42歳という実年齢をいうと、びっくりされることが非常に多くなった。

実年齢を知るとみんながびっくり！

たるんだ皮膚が上がって目がパッチリ！素敵な友人に囲まれ家族との関係も好転した

清水弘子さん　55歳

素直な気持ちが顔に表れた

私がフェロモンスマイルに出合ったのは、2005年5月のこと。新聞に吉丸美枝子《よしまるみえこ》先生の写真と講演会のお知らせが載っていて、「私より2歳年上で、こんなに若くてきれいなんて、どうして？」と思ったのがきっかけでした。

真相を確かめるべく講演会に参加したのですが、美容というよりは心のありようについての話が中心で、すべてが納得できることばかりでした。先生の話が魂に響いたのです。

特に、「お母さんが明るく元気で美しい笑顔でいることが大事」という話には感心しました。「なるほど、私が笑わないから、夫はいつもムスッとしてるのね」「どうして私、今までヘンな顔をしていたのかしら」「もっと笑わなくちゃ！」と思いました。

私は帰宅するなり夫と2人の息子に「お母さんは今日からフェロモンスマイルをするから

ね」と宣言。その日から教えてもらったとおりのトレーニングを始め、いつもニコニコ笑うようにしたのです。

結果、次のページの写真のように私も若返ることができました。しかも若返りはあっという間に起こり、フェロモンスマイルを始めてたったの半年で、現在の顔の原型に到達。あれこれ考えず、「なるほど、きれいになりたければこれをやればいいのね！」と、素直な気持ちで実行したのがよかったのに違いありません。

だらんと下がったおばさん顔がキュッと上がって、目がパッチリになりました。血行がよくなったせいかくすみも取れて、肌に張りが戻りました。以前は年齢の出始めた肌を隠そうとしてメイクも厚塗りでいましたが、今は軽く粉をはたくだけです。とにかくどんどんきれいになっていくので、飽きっぽい私でも飽きるひまがありませんでした。

環境も一変しました。いつも笑っていたら、うじうじした考えが消えて、なんでもよいほうに考えられるようになりました。同時に、いやな人が周りからスーッといなくなって、信頼できる素敵な友人ばかりに囲まれるようになったのです。家族との関係も変わって、口下手な夫もほめてくれるようになりました。子どもも、黙々とトレーニングをして結果を出している私の姿に影響を受けたのか、急に自立への道を歩み出しました。

私がイメージしたのは藤原紀香《ふじわらのりか》さん。顔もスタイルもすばらしいですよね。婚約会見のテレビを見て、すぐに美容室に行って「同じ髪型にして！」とお願いしたほど大好きです。

今では24時間、フェロモンスマイルで過ごしています。顔はどこにでもついてくるので、車の中やおふろなど、ちょっとした時間にトレーニングを行っています。もう日常生活に組み込まれているので、全然苦になりません。

以前は、年齢とともに老けるのはしかたがないと思っていましたが、フェロモンスマイルを知った今では、これからもずっと若くなり続けることができると思うとうれしいです。

フェロモンスマイルを始める前（写真上）と、現在（写真下）の清水さん。年齢を隠そうと厚塗りしていたが、今は軽く粉をはたくだけでじゅうぶんになった。

あごのたるみが取れて顔が引き締まり外見も内面も磨かれ後悔ばかりの日々と決別

古川紗智子さん　51歳

「棺桶に片足を突っ込んだような顔をしているわね」

私がフェロモンスマイルでどんなに若返ったかは、141ページの写真を見ていただければ一目瞭然《いちもくりょうぜん》だと思います。昔の写真を見せると、みんな目を丸くして「フェロモンスマイルってすごいね！」と驚嘆します。でも、見た目の変化よりも大きかったのが、実は心の変化でした。4年前の私は、にっちもさっちもいかない状況で、とても笑うどころではなかったのです。

私はもともと、熊本でブライダルプロデュースの仕事をしていました。それが47歳のとき、あるハウスウエディングの会社から声をかけられ、福岡で仕事をすることになったのです。順調だった自分のサロンを畳んで福岡へ移住するわけですから、家族は猛反対です。でも私は、「今までの自分の集大成になる」と、反対を押し切って新天地へ飛び込んだのです。

ところが、現実は私の夢とはかけ離れていました。成果主義の会社の方針で、求められるのは売り上げだけ。私が新郎新婦さんのためにしたいプロデュースというのは、なにひとつできません。「こんなはずじゃなかった」という思いが日に日に強くなり、とうとう体調を崩《くず》してしまいました。自律神経《じりつしんけい》がやられて、動悸《どうき》が止まらなくなってしまったのです。

この年になって、仕事はうまくいかず、健康まで害して、「この先どうなるの？」という不安でいっぱいでした。そんなとき、吉丸美枝子《よしまるみえこ》先生と出会ったのです。先生は私をひと目見てすぐ、「まるで棺桶《かんおけ》に片足を突っ込んだような顔をしているわね。なにがあったの？」と一言。私はびっくりして、自分のことを話しました。すると先生は、「あなたは無理やりにでも笑ったほうがいいわ」とフェロモンスマイルを教えてくれたのです。

とはいえ、「外見が変われば、内面も変わるの。外と内は一致しているのよ」という先生の言葉の意味が、最初はよくわかりませんでした。ただ、先生は私より年上なのにとても若くてきれいで、「こんな女性になりたい！」と思わせる人でした。久しぶりに熱い気持ちになれたので、フェロモンスマイルを始めてみることにしたのです。

二重あごを取るパターンを中心に行うと、2週間ほどで効果が実感できました。みるみるうちにあごのたるみが取れ、顔が引き締まってきたのです。

それにつれて、フェロモンスマイルで自分を磨くということが、だんだんとわかってきました。後悔でいっぱいだったマイナスの感情をプラスにコントロールできるようになり、それほど人生に苦痛を感じなくなってきたのです。その代わり、「私はなにをしたいのか」と、自分自身をしっかりと見つめ直す時間がふえてきました。

結局、会社を辞めて、今では熊本でフェロモンスマイルを伝える立場にいます。健康を取り戻し、信頼できる仲間もでき、仕事にはとてもやりがいを感じています。後悔ばかりしていたころには、こんなに心地のいい毎日が待っているとは夢にも思いませんでした。吉丸先生との出会いに、心から感謝しています。

フェロモンスマイルトレーニングを始める前（写真上）と、現在（写真下）の古川さん。顔が引き締まり、外見、内面ともにフェロモンスマイルで磨きがかかった。

おわりに

私の顔は、現在も進化し続けています。それは、写真を見てのとおりです。

私は欲張りですから、まだまだきれいになりたい。今、私は58歳ですが、よく30代に間違われます。私はずっと30代の外見のまま、60代、70代、80代になるつもりです。

ですから、「50代のうちは20歳若返るフェロモンスマイル＆ダイエットだったけど、60代に入ったら、30歳若返るフェロモンスマイル＆ダイエットに進化させるつもりよ」と話しています。

「そんなことは無理だ」と思いますか？

年を重ねるということは、老けるということではなく、成長するということです。そして、フェロモンスマイルは、単なる美容法ではなく、人間として成長していくためのすばらしい教科書だと私は思っています。

なぜなら、鏡を見ることは、自分と会話する時間を持つことです。自分の理想のイメージを持つことで、想像力を鍛え、また、その理想を叶《かな》えるための実行力も身につきます。さらに、自分の魅力を知ることで、初めて他人のよさもわかるようになります。

自分を知り、他人を理解し、豊かな想像力と実行力で人生を切り開いていく。これこそ、人間の成長といえるものではないでしょうか。

フェロモンスマイルは表面だけを整えて、きれいにするための美容法ではありません。心の成長を促し、豊かな人間性と自信を育みます。その内面が顔に表れるからこそ、フェロモンスマイルで美しくなれるのです。

続ければ続けていくほど、外見が磨かれ内面が成長する。これがフェロモンスマイルの真《しん》髄《ずい》です。

そして、フェロモンスマイルの輪が広がり、美しく幸せな人がふえたなら、もっと平和で優しさに満ちた世界に変わると、私は信じています。

最後に、私を支えてくれる最高の仲間たちに心からの感謝を捧げます。ありがとう。

2007年初夏　吉丸美枝子

吉丸　美枝子（よしまる　みえこ）

1949年、福岡県生まれ。武蔵野女子短期大学家政学科卒業。「ママのおなか、ボヨボヨで気持ち悪い」との娘の一言から、36歳で美容の研究を始める。中村和子氏に師事した整美体操をさらに発展させ、イメージとストレッチを組み合わせた「クリエイティブ・ボディ・デザイニング」、笑顔で表情筋を鍛える「ビューティー・スマイル・デザイニング」の講座を全国に開設。各地での講演や後進の指導に当たる。

フェロモンスマイル　幸せレッスン

平成19年5月30日／第1刷発行

著　者　吉丸美枝子
発行者　秋山太郎
発行所　株式会社マキノ出版
〒113-8560　東京都文京区湯島2-31-8
☎03-3815-2981　振替 00180-2-66439
マキノ出版のホームページ　http://www.makino-g.jp

印刷所
製本所　株式会社　廣済堂

ISBN978-4-8376-7075-9　C0077